核心素养下
高中数学建模理论与实践

主　　编　蔡远林　　王　东　　周泽彬
副 主 编　许朝霞　　康嘉诚　　周　光
参编人员　张　宇　　马　俊　　廖兴建　　冉江波
　　　　　胡正云　　张廷莲　　刘姝妤　　肖舒文

电子科技大学出版社
University of Electronic Science and Technology of China Press

·成都·

图书在版编目(CIP)数据

核心素养下高中数学建模理论与实践 / 蔡远林,王
东,周泽彬主编. -- 成都:成都电子科大出版社,
2024. 7. -- ISBN 978-7-5770-1058-8

Ⅰ. G633.602

中国国家版本馆CIP数据核字第20247241C7号

核心素养下高中数学建模理论与实践

HEXIN SUYANG XIA GAOZHONG SHUXUE JIANMO LILUN YU SHIJIAN

蔡远林　王　东　周泽彬　主编

策划编辑　谢忠明
责任编辑　谢忠明
责任校对　苏博麟
责任印制　段晓静

出版发行　电子科技大学出版社
　　　　　成都市一环路东一段159号电子信息产业大厦九楼　邮编　610051
主　　页　www.uestcp.com.cn
服务电话　028-83203399
邮购电话　028-83201495

印　　刷　四川煤田地质制图印务有限责任公司
成品尺寸　185 mm×260 mm
印　　张　7.5
字　　数　175千字
版　　次　2024年7月第1版
印　　次　2024年7月第1次印刷
书　　号　ISBN 978-7-5770-1058-8
定　　价　68.00元

序言1
XUYAN

让学生学会"数学"地思考问题

数学建模是用数学方法解决实际问题的过程。《普通高中数学课程标准（2017版2020年修订）》指出：通过高中数学课程的学习，学生需要培养和发展的数学核心素养包括数学抽象、逻辑推理、数学建模、直观想象、数学运算、数据分析。其中数学建模活动是"对现实问题进行数学抽象，用数学语言表达问题，用数学方法构建模型，解决问题的过程。模型思想的建立是学生体会和理解数学与外部世界联系的基本途径。"在新的课程标准中，数学建模已经成为高中数学课程必修的主要内容之一。数学建模与数学探究活动、函数、几何与代数、概率与统计共同构成高中数学课程的四条主线，贯穿于必修、选择性必修和选修课程中。

从数学学科核心素养的定义来看，数学关键能力是数学学科核心素养不可或缺的组成部分，是数学学科核心素养的外在体现。高中数学的关键能力包括数学观察、数学思考、数学表达，其中，数学观察维度包括数学抽象能力、直观想象与化归能力；数学思考维度包括数学猜想与论证能力、数学运算能力；数学表达维度包括数据分析与预测能力、数学建模能力。数学建模能力是数学关键能力的重要组成部分，同时，也是数学关键能力各个方面的综合体现。

成都金苹果锦城第一中学数学组立足于数学建模的相应理论，构建了教材中的数学建模素养的分析框架。课题完成质量较高。主要亮点包括：一是案例选择代表性强，绝大多数都是学生身边常见的现象，然后转化为数学建模问题；二是解决问题所用的数学方法都具备普适性，有效地激发了学生学习的积极性；三是案例设计以数学建模过程作为重点，这个过程是一个综合的、连贯的逻辑过程。下一步，还可加强对解数学应用题与数学建模进行有效的区分和界定的研究。

总之，高中数学建模活动应基于高中学生掌握的初等数学基础知识，介绍数学建模的基本思想和方法，采用从问题出发的教学方式，重点讲解如何着手分析实际问题，如何从实际问题中提出数学模型以及如何通过数学模型解决实际问题，而非系统讲解模型中的数学应用。建模教学还应侧重于教授建模的思维方式和理论架构，启发学生利用网络查询资料，主动探索，合作交流，扩大知识面。教师通过设置适当课堂讨论题和实践作业，引导学生亲身经历数学建模的学习和实践，通过实际问题的解决，获得成就感，增强自信心，激发学生结合生活实践情境学数学和用数学的动力。进而实现"会用数学的眼光观察世界、会用数学的思维思考世界、会用数学的语言表达世界"的学习目标。

段小龙
2024年5月

核心素养指引下高中数学建模的真研究

数学核心素养是数学学科育人价值的集中体现，是具有数学基本特征的思维品质、关键能力以及情感、态度和价值观的综合体现，是数学课程目标的最终体现。教育部颁布的《普通高中数学课程标准（2017年版2020年修订）》特别强调指出：高中数学课程的根本任务是"学生发展为本，立德树人，提升数学素养"，因此，发展学生核心素养是时代发展对当今数学教育提出的根本要求。

在高中阶段，数学教育的终极目标是使接受数学教育的学生"会用数学的眼光观察世界，会用数学的思维思考世界，会用数学的语言表达世界"，这"三会"集中体现高中阶段的数学学科核心素养。因此，在高中数学教学过程中有机融入数学核心素养是新时代对高中数学教育教学改革提出的新任务和新要求，是实施新课程高中数学教师教学研究的新探索和新实践。

成都金苹果锦城第一中学高中数学组以数学育人为导向，在实施数学新课程的教育教学改革进程中，紧紧围绕数学学科核心素养进行课堂教学改革研究，这是紧跟时代要求，具有时代价值的数学教学研究。

数学建模是高中数学的一个重要核心素养。数学建模素养是对现实问题进行数学抽象，用数学语言表达问题，用数学方法构建模型解决问题的素养，是"会用数学的语言表达世界"的具体表现。数学建模构建了数学与现实世界的桥梁，是应用数学解决问题的基本手段，是推动数学发展的动力。数学建模是高中数学新课程的一个重要内容，数学建模的教学就是要通过教师有目标、有层次的学习活动设计和指导，影响学生的学习过程，改变传统的学习方式，引导学生主动、自主地学数学、做数学、用数学。成都金苹果锦城第一中学高中数学组遵循了数学建模教学的这一重要原则，在教学设计和实施中采用了不同于传统教学的课题研究活动课教学，强调建模学习活动的"过程"与"活动"，强调建模学习活动的"选题、开题、做题、结题"这四个重要环节，因此，数学建模活动课开展得有声有色，深受学生的喜爱，取得了良好的教学效果，达成了数学育人的教育目标，形成了具有校本特色的数学建模教学优秀课程资源成果。

成都金苹果锦城第一中学高中数学组所撰写的《核心素养下高中数学建模理论与践行》是学校适应新时代高中数学教育教学改革的成果；是老师们从核心素养视角出发，认真钻研教材，分析学情，创新教法，开发资源，反复实践后总结提炼所形成的教学成果。虽然书中还有一些不足，需要进一步改进，但这一成果凝聚着老师们勇于教学实践、勇于改革探索的追求和精神，值得充分地肯定和提倡，值得大力地发扬和推广。祝愿老师们再接再厉，不断努力，继往开来，在高中数学新课程教育教学的改革和实践中取得更好的成绩。

陈明华

2024 年 5 月

目 录
Contents

第一部分

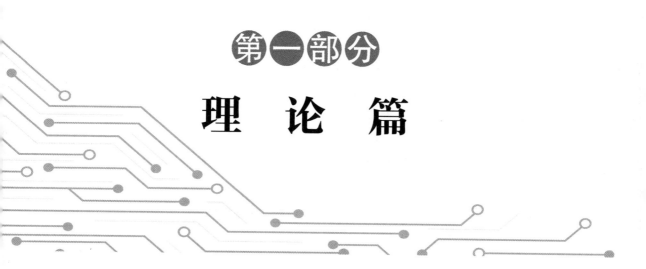

理 论 篇

第一章
核心素养下数学建模素养的理解与认识

第一节　数学学科核心素养

随着新课改的逐步推进，"核心素养"走入了广大教育研究者与工作者的视线。它是国家教育方针的具体化，是联系顶层教育发展设计与底层教育实践的中间环节。作为当代科研型数学教师，应当深刻把握核心素养的内涵，明确学科培养内容，并将其落实到具体的教学当中，以推动学生的发展，为教育的改革作出自己的贡献。

在20世纪80年代，全国掀起教育面向现代化建设的改革热潮，并在1986年颁布《义务教育法》，对素质教育理念提出清晰明确的要求。素质教育应该作为数学教育的重要目标，数学素养的培养应该以课堂教学为主要阵地，让学生不仅学到专业学科知识，还应该让学生在核心素养视角下进行学习，以此来充分调动学生学习的积极主动性，提高学生解决数学问题的综合素养能力。随着核心素养在当前教育中的深入推广，核心素养下的数学教育理论研究也变得丰富和多元化。总结而言，现阶段的数学核心素养是抽象化的概念，将其与具象化的数学学科相结合具有一定的挑战性。数学学科所具备的学习能力不应该只局限于知识点与技能的掌握，还应该强调在解决问题时的思维和精神状态。换言之，数学教学是多维度的教学形式，对数学解题过程中的方法、情感态度以及数学情境进行多维度整合是高阶数学教学的必备元素。

数学核心素养在数学教学过程中起到了不可替代的作用：第一，核心素养是数学教育的发展趋势，也是现代公民的必备条件，所以在数学课堂教学中使用核心素养作为重要指导方针，是数学教学的重要实践手段，能够让学生通过学习构建起数学思想、数学思维方法，掌握用数学工具分析、处理和解决问题的能力。核心素养的培养不是空洞的口号，而是要落实到具体的教学过程和教学环节中。第二，数学课程中培养核心素养是通过面向全体学生，让学生获得良好的数学思考过程和体验，从而实现数学方面的个体发展。总体来说，数学核心素养不是某一个知识点，而是一种意识、一种观念、一种方法。学校和社会可以通过对学生数学核心素养水平的衡量，来评估数学课程的适应性和科学性，反映数学的核心价值。学生的数学核心素养水平越高，则证明数学课程和数学教学的质量越高，学生应用数学知识处理和解决问题的能力就越强。

为了落实《教育部关于全面深化课程改革落实立德树人根本任务的意见》，高中数学课程标准修订组提出了高中阶段数学学科核心素养，在数学内容的阐述中突出核心素养，并且基于数学学科核心素养制定了学业要求，提出了教学建议、评价建议，制定学业质量标准。由此可以看出新课标对基于数学学科核心素养展开数学教学的重视。根据对核心素养的研究，结合数学学科的特点，数学课程标准把数学学科核心素养描述为"具有数学基本特征的思维品质、关键能力以及情感、态度与价值观的综合体现"。

数学学科核心素养包括数学抽象、逻辑推理、数学建模、直观想象、数学运算和数据分析六大核心素养。这些数学学科核心素养既相对独立又相互交融，是一个有机的整体。

六大素养从应用环节上讲，以数学建模为界限分为了两类。直观想象与数学抽象强调的是对现实世界观测、认知与解构的能力，数学运算、逻辑推理、数据分析强调的是对已有数学元素进行分析处理的能力。从逻辑结构上看，数学建模核心素养的存在与效能让其他五大素养的教育在数字信息时代有了更高的应用价值，它一方面为直观想象与数学抽象提供了学科标准的指引和规范；另一方面又为数学运算、逻辑推理与数据分析能力带来了现实应用的场景和要素，可以说数学建模是六大素养融合应用的关键。

从中学数学教育的角度看，要全方位提升学生的六大素养，数学建模是关键切入点，没有数学建模能力的有效串联，其他五大素养很有可能都会因过度"工具化"而失去现实应用价值。为了具体表述高中数学学科核心素养，首先需要描述通过高中阶段的数学教育培养出来的人是什么样的。数学学科是基础教育阶段最为重要的学科之一，通过基础教育阶段的数学教育，无论接受教育的人将来从事的工作是否与数学有关，终极培养目标都可以描述为：会用数学眼光观察世界，会用数学思维思考世界，会用数学语言表达世界。

　　在用数学眼光观察世界的过程中，我们可以发现大量有数学背景的问题；在用数学思维思考世界的过程中，我们可以运用大量的数学方法找到解决问题的合适方法；在用数学语言表达世界的过程中，可以将问题背景数学化。结合以上这三个方面，可以通过数学建模方法解决实际问题，将数学从生活中提炼出来，再回到解决问题的环境中去。

第二节　数学建模核心素养的内涵和价值

一、数学建模素养的内涵

《普通高中数学课程标准（2017年版2020年修订）》指出：数学建模是对现实问题进行数学抽象，用数学语言表达问题、用数学方法构建模型解决问题的素养。数学建模过程主要包括：在实际情境中从数学的视角发现问题、提出问题，分析问题、建立模型，确定参数、计算求解，检验结果、改进模型，最终解决实际问题。

从核心素养的角度认识数学建模，我们要特别注意第一句话所揭示的数学建模素养的属性，把握其在"属性"上的定位。这中间有三层意思：一是对现实问题的数学抽象，二是用数学语言表达问题，三是用数学方法构建模型解决问题。结合第二句话对这一素养的外显性行为（过程、步骤）的描述，不难看到，数学建模聚焦学生数学学科核心素养的几个关键点：基于现实情境，构建数学模型，经历发现、提出、分析、解决问题的过程，进而发展"四能"（发现、提出、分析、解决问题能力），达到"三会"（会用数学眼光观察世界、会用数学思维思考世界、会用数学语言表达世界）。从这几个点去体会，可以感觉到数学建模素养的内涵是极其丰富的，它与其他五个数学学科核心素养有直接关联。它不仅涉及数学知识的应用，而且蕴含着方法、思想、价值判断与选择，乃至数学的精神与态度。

二、数学建模素养的数学科学价值

《普通高中数学课程标准（2017年版2020年修订）》指出：数学模型搭建了数学与外部世界联系的桥梁，是数学应用的重要形式。数学建模是应用数学解决实际问题的基本手段，也是推动数学发展的动力。

数学建模是应用数学的知识与方法，通过建立数学模型去解决问题。虽然数学模型属于数学应用的范畴，但它更侧重于用数学的概念、原理和思想方法表达现实世界中那些规律性的东西。通俗地说，数学模型是借用数学的语言讲述现实世界中与数量、图形有关的故事。数学模型使数学走出了自我封闭的世界，构建了数学与现实世界的桥架。

从这个意义上看，数学模型的出发点不仅仅是数学，还包括现实世界中那些我们将要讲述的东西。这就像建筑桥梁一样，在建之前我们必须清楚，要把桥梁建在哪里。并且，数学模型的研究方法也不是单向的，而是需要从数学和现实这两个出发点开始，规划研究路径、构建描述用语、验证研究结果、解释结果含义，从而得到与现实世界相容的、可以描述现实世界的结论。

正因为数学模型具有数学和现实这两个出发点，所以数学模型就不完全属于数学的范畴。事实上，大多数应用性很强的数学模型的命名，都依赖于所描述的学科背景。比如，在生物学中，有种群增长模型、基因复制模型等；在医药学中，有专家诊断模型、疾病靶向模型等；在气象学中，有大气环流模型、中长期预报模型等；在地质学中，有板块构造模型、地下水模型等；在经济学中，有股票衍生模型、组合投资模型等；在管理学中，有投入产出模型、人力资源模型等；在社会学中，有人口发展模型、信息传播模型等。在物理学、化学这些传统的自然科学领域，各类数学模型更是百花齐放。因此，就事物的本质而言，数学模型的价值取向往往不是数学本身，而是对所描述学科起到的实际作用。比如，对于那些诺贝尔经济学奖得主提出的数学模型，人们关注的不仅是模型的数学价值，更关注模型是否能够很好地描述经济学的某些规律。当然，人们在构建数学模型和实际应用的过程中，必然会从数学的角度汲取"创造数学"的灵感，从而促进数学自身的发展。

不仅在数学领域，在其他领域（如工程领域），用模型来研究"母本"的性质也是一种基本方法。我们用了"模型"，就产生了因"仿真"而"失真"的风险。因此，我们所界定的数学模型必然有其适用范围，这个适用范围通常表现为模型的假设前提，表现为模型不同初始值对事物变化的影响，或者表现为对模型参数的某些限制。另外，我们所界定的数学模型不可能是非常具体和准确的，因为数学模型描述的是规律性的、必然的东西。必然是通过偶然表现的，而数学模型描述的并不是偶然的东西，而是要揭示通过偶然表现的、偶然背后的那些必然的东西。

三、数学建模素养的育人价值

《普通高中数学课程标准（2017年版2020年修订）》指出：通过高中数学课程的学习，学生能有意识地用数学语言表达现实世界，发现和提出问题，感悟数学与现实之间的关联；学会用数学模型解决实际问题，积累数学实践的经验；认识数学模型在科学、社会、工程技术诸多领域的作用，提升实践能力，增强创新意识和科学精神。

实现这个育人价值实际上也就是中学数学建模的课程目标。数学建模进入高中课程，就是要通过教师有目标、有层次的学习活动的设计和指导，影响学生的学习过程，改变传统的学习方式，引导学生自主地学数学、做数学、用数学。我们特别强调建模学习的"过程"，强调"活动"，强调建模学习的"选题、开题、做题、结题"这四个操作环节，就是要通过建模的学习和实践，给学生提供一个探究发现、合作学习、个性展示、工具选择、信息挖掘、交流分享、归纳提升、反思拓展的机会和氛围。通过建模活动，激发学生自主思考，促进学生合作交流，提高学生学习兴趣，发展学生创新精神，培养学生应用意识和实践能力，提升学生对数学学科价值的理解，让学生积累一定的用数学解决问题的经验，最终使学生提升适应现代社会要求的可持续发展的素养。

第三节　数学建模核心素养下数学课堂教学的现状分析

自改革开放以来，我国在教育事业方面的教学理念发生了巨大的改变，推出的各项优先教育发展的政策、方针，打破了传统应试教育的教学体制，将教学重点逐渐放在对教育功能具有强化作用的素质教育主流观念上，以寻求提高我国教学水平和竞争力的有效方法，稳固教学制度形态。高中阶段的学生对世界的认知逐渐成熟，所以对这个时期的学生实行数学素质教育是必要的。基于素质教育的数学教学的试行，在课堂实践中出现了教学目标、方法、内容、评价等方面的问题。

一、教学目标

有关高中数学学科的教学目标，根据调查显示，有一部分教师对学科的概念定义表述不清楚，认为教学只有教给学生知识这一唯一目的。这部分教师普遍忽视了数学教学中对学生深层次能力的培养与挖掘，仅仅把数学的逻辑思维能力、计算能力应用于解决数学问题中，将这些应用方式作为日常教学中灌输给学生的重点内容。这就很容易造成学生仅仅在解题能力上有所提升，但学生真正的数学能力并没有得到提高，学生的个性发展和实践能力没有得到有效的发现和训练培养，学生的时间精力没有得到有效的利用，学生的思维方式也没有得到正确的引导和帮助，导致出现一些高分低能的学生。部分教师缺乏对学生个性发展、终身学习等方面的认知，导致教学过程中出现教学目标不清晰，缺乏深入地教学。作为新时代教师，教学方案的设计和教学流程的制定不应该仅围绕知识技能，还应该考虑学生综合素养的全面发展，对教学任务的布置应该进行深层次思考。有部分教师还认为，数学建模核心素养难以在考试中进行考查，所以经常忽略这一部分的教学安排，认为不考的内容就可以不教，严重影响了数学建模核心素养的培养。

二、教学方法

当前，教育行业整体发展存在地区差异，各学校的师资水平参差不齐，教师素养水平也存在或多或少的差异。部分教师不易接受新的教学理念，在课程教学中仍然选择传统的灌输式教学方式作为主要手段，对新颖的新课改教学模式也只是流于形式。在这样的教学方式下，一些学生常常会感觉到教学内容枯燥乏味，学习方式无法激发学习主动性和积极性，也无法明确地掌握学习方法和技能，在学习过程中处于混沌疑惑的状态。教师单方面地讲解，忽视对多种教学方法的灵活应用，强制性灌输知识和技能，不符合新时期学生的个性发展需求，部分学生不愿主动学习，主观能动性得不到调动。部分学校的个别教师，甚至没有深度思考数学建模课的必要性，认为建模课就是一般的活动课，没有具体的考试内容可供参考，所以不需要开设这样的课程。这严重影响了数学建模核心素养的生根发芽，也使得数学课堂枯燥乏味。

三、教学内容

巴班斯基认为："教学应以投入最少的教学资源，产出最多的教学成果为最优教育状态。"随着科技的快速发展，新媒介用于数学教学当中，使得教学效果有了很大的提升。大部分教师也逐步将新技术运用到教学当中，将枯燥的知识点加以整合或修饰，配合图片或音乐等内容进行设计，使教学内容的展示更富于美感，起到辅助教学的作用。当然，对于多媒体的应用，有的教师可能会将关注点放在幻灯片的设计上，为了追求多媒体的美观，而忽略了课堂教学的本质，导致教学重点偏移，忽视了师生互动、学情把握、层次化教学等教学核心要素。

在数学建模课堂中，教师应该精选课题，结合学生假期及周末时间，组织学生实地考察、搜集数据，切实体会数学建模的普适性，增强学生数学学习兴趣，从而以数学建模核心素养带动其余五类核心素养的形成。

四、教学评价

虽然目前有针对教学成果、教学效率以及教学反映等方面的评估机制，但是评价的标准相对比较片面，没有做到评价内容的全面性。在教学评价上，只有考试分数这一单一形式，对学生的探究过程、学习态度、学习兴趣、创新思维、取得进展等方面的评价较少。在这种情况下，教学评价与教学目的并不相符，没有起到真正的教学监督、纠察作用。这些评价往往脱离教学目标，没有将学生作为主要思考对象，忽略了学生在教学过程中的主体参与身份，没有实现数学学科素养教学对学生个性发展的培养目标。

在数学建模核心素养的培养和落实上，无论是学业水平考试还是高考，都涉及两个方面的问题：一是评价的方式，二是命题的形式。

在评价方式上，要改变单纯依赖一张试卷的评价方式。对于日常评价，除了期末考试的成绩以外，还可以参考其他内容进行评价，如期中考试的成绩、日常作业完成的情况、日常教学活动中的表现等。特别是"数学建模活动与数学探究活动"这个主题，要求学生通过研究报告或者小论文的形式完成，这也可以作为日常评价的依据。高等院校招生，更应该想办法在这一方面对学生进行考查。除了高考成绩外，还应参考学生其他信息，比如，放在学生学习档案中的相关材料——学生参加社会活动的评价；学生完成的研究报告或者小论文、选修中各类课程的成绩等。实现这个转变的前提是学生的学习档案中要有丰富的材料，可以供高等院校录取时参考。

关于命题的形式，知识与技能的考核是重要的，但不能过分强调解题的速度，以避免高中学习阶段过分的高强度训练。在不增减题量的前提下，可以考虑适当延长考试的时间。关于命题的设计，可以考虑两个转变：一个转变是关注学生数学学科核心素养的达成，另一个转变是考查学生的思维能力。关于第一个转变，命题设计不仅要关注知识点，还要关注数学学科核心素养的达成，尤其是数学建模核心素养。命题可以从数学知识出发，考查所蕴含的数学学科核心素养，或者反过来，可以从数学学科的核心素养出发，补充相应的数学知识，同时增设真实问题情境，在题目中把数学知识与数学学科核心素养有机结合、融为一体。关于第二个转变，可以通过开放题的形式实现，问题的答案不是在题目中给定的，而是需要学生自己想象，在解答的过程中，还需要学生回答想象的理由是什么。在真实问题情境的创设下，数学建模核心素养的考查变得可以实现，应该成为考试中不可或缺的部分。

第四节　数学建模核心素养对学生的积极影响

数学建模核心素养不仅仅是指数学知识与技能，也不仅是简单的解题能力。数学核心素养依赖于数学技能和相关知识，并且高于知识和技能。想要真正理解和认识数学核心素养的概念，建立数学核心素养培养体系，就需要对数学核心素养的基本特征进行准确的掌握。数学核心素养具有持续性、阶段性、情境性、抽象性、习得性及综合性等特征。数学核心素养在诸多方面都对学生产生十分重要的积极影响。

一、数学核心素养提升数学文化水平

从宏观的角度上来讲，数学文化存在属于数学本身的变化特点以及本质特征，从某种程度上加强了数学文化熏陶对学生核心素养形成的促进作用，具有非常重要的价值。同时，数学核心素养又可以反过来促进学生养成数学文化。两者相辅相成，彼此促进。没有数学核心素养的数学文化只是空中楼阁，难以生根发芽。数学文化具有非常强的美学价值、智力价值、理性价值以及知识价值等，能够通过数学图形、公式以及符号等帮助学生深入欣赏数学当中的美，引导学生通过自己所掌握的数学知识和思想去分析生活当中的数学现象，解决数学问题。数学文化当中包含了数学思想、显性知识，还包括学生对数学知识的态度以及情感等一些隐性的东西，当数学精神、方法、思想以及知识等共同作用时，学生能够在数学文化当中感受到数学精神，有效地丰富数学教育教学的内涵，有效促进学生数学核心素养的形成。

二、数学核心素养培养数学理性思维

数学核心素养的培养和提升与数学学科不可分割，从素养不同的发展角度来讲，不同学科应该使用不同的核心素养进行研究，有效地实现将核心素养融入每一门学科当中，这对核心素养的提升具有非常重要的意义。针对数学这一学科来讲，数学核心素养与数学理性思维紧密相连。实际上就是在学习数学的过程中，学生能够通过经历、体验和观察等过程逐渐形成一种能够理性分析、思考以及解决问题的价值观和思维方法。

综上所述，数学核心素养能够真实地反映出数学教育教学的价值和本质，是数学教育教学过程当中最核心的问题。在整体的教学过程中，教师一定要重视培养学生的数学核心素养，不能只重视学生对数学知识和技能的掌握，还应该引导学生积极主动地参与到核心素养的提升和建立过程中，最大限度地提升数学整体的教育教学质量。

第二章
高考评价体系中数学建模的考试要求

第一节　数学建模的课标要求及水平要求

　　学科核心素养是育人价值的集中体现，是学生通过学科学习而逐步形成的正确价值观、必备品格和关键能力。数学学科核心素养是数学课程目标的集中体现，是具有数学基本特征的思维品质、关键能力以及情感、态度与价值观的综合体现，是在数学学习和应用过程中逐步形成和发展的。

　　数学建模是对现实问题进行数学抽象，用数学语言表达问题、用数学方法构建模型解决问题的素养。数学建模过程主要包括：在实际情境中从数学的视角发现问题、提出问题，分析问题、建立模型，确定参数、计算求解，检验结果、改进模型，最终解决实际问题。数学模型搭建了数学与外部世界联系的桥梁，是数学应用的重要形式。数学建模是应用数学解决实际问题的基本手段，也是推动数学发展的重要动力。

　　根据课标的要求，数学建模的目标是培养学生的动手实践能力、创新思维能力和问题解决能力。具体要求如下。

　　①数学建模要立足于实际问题，通过数学的模型描述和分析实际问题，解决实际问题。

　　②数学建模要注重学科交叉，将数学与其他学科（如物理、化学、经济等）相结合，拓宽学生的视野和思维方式。

　　③数学建模要注重创新思维，培养学生的创新意识和创新能力，鼓励学生提出新的模型和解决方法.

④数学建模要注重实际操作，让学生亲自采集数据、建立模型、验证模型，并通过实际操作提高学生的动手实践能力。

⑤数学建模要注重团队合作，鼓励学生与他人合作解决实际问题，培养学生的团队合作能力和沟通能力。

⑥数学建模要注重模型评价，教会学生对模型的评价和改进，提高学生的批判性思维。

总之，通过高中数学建模课程的学习，学生能有意识地用数学语言表达现实世界，发现和提出问题，感悟数学与现实之间的关联；学会用数学模型解决实际问题，积累数学实践的经验；认识数学模型在科学、社会、工程技术诸多领域的作用，提升实践能力，增强创新意识和科学精神。

为了更好地落实数学建模能力的培养，遵循学生对建模课的认知发展水平，课标将数学建模核心素养划分为三个水平层次，见表2-1所列。

表2-1　数学建模核心素养层次水平

水平	数学建模核心素养
水平一	了解熟悉数学模型的实际背景及其数学描述，了解数学模型中的参数、结论的实际含义 知道数学建模的过程包括：提出问题、建立模型、求解模型、检验结果、完善模型。能够在熟悉的实际情境中，模仿学过的数学建模过程解决问题 对于学过的数学模型，能够举例说明建模的意义，体会其蕴含的数学思想；感悟数学表达对数学建模的重要性 在交流的过程中，能够借助或引用已有数学建模的结果说明问题
水平二	能够在熟悉的情境中，发现问题并转化为数学问题，知道数学问题的价值与作用 能够选择合适的数学模型表达所要解决的数学问题；理解模型中参数的意义，知道如何确定参数，建立模型，求解模型；能够根据问题的实际意义检验结果，完善模型，解决问题 能够在关联的情境中，经历数学建模的过程，理解数学建模的意义；能够运用数学语言，表述数学建模过程中的问题以及解决问题的过程和结果，形成研究报告，展示研究成果。在交流的过程中，能够用模型的思想说明问题
水平三	能够在综合的情境中，运用数学思维进行分析，发现情境中的数学关系，提出数学问题 能够运用数学建模的一般方法和相关知识，创造性地建立数学模型，解决问题 能够理解数学建模的意义和作用；能够运用数学语言，清晰、准确地表达数学建模的过程和结果 在交流的过程中，能够通过数学建模的结论和思想阐释科学规律和社会现象

第二节　数学建模的课程理念及课程内容

一、课程理念

课标中关于课程目标明确提出：通过高中数学课程的学习，学生能获得进一步学习以及未来发展所必需的数学基础知识、基本技能、基本思想、基本活动经验（简称"四基"）；提高从数学角度发现和提出问题的能力、分析和解决问题的能力（简称"四能"）。在学习数学和应用数学的过程中，学生能发展数学抽象、逻辑推理、数学建模、直观想象、数学运算、数据分析等数学学科核心素养。

结合高中数学课程四大理念，数学建模课程也应落实：（1）立德树人，提高核心素养。不断提高实践能力，提升创新意识。树立敢于质疑、善于思考、严谨求实的科学精神。（2）在情景问题的选择中应突出函数、统计、几何等主线内容，注意数学文化的渗透。认识数学的科学价值、应用价值、文化价值和审美价值。（3）把握数学建模本质，启发学生的参与与思考。提高学习数学的兴趣，增强学好数学的自信心，养成良好的数学学习习惯，发展自主学习的能力。（4）重视过程性评价，突出素养，开发合理的评价工具和机制，将知识技能的要求和核心素养的达成有机结合。

二、课程内容

数学建模活动是对现实问题进行数学抽象，用数学语言表达问题、用数学方法构建模型解决问题的过程.主要包括：在实际情境中从数学的视角发现问题、提出问题，分析问题、构建模型，确定参数、计算求解，检验结果、改进模型，最终解决实际问题.数学建模活动是基于数学思维运用模型解决实际问题的一类综合实践活动，是高中阶段数学课程的重要内容.

数学建模活动的基本过程如图2-1所示。

在必修课程中，要求学生完成其中的一个课题研究。课题可以由教师给定，也可以由学生与教师协商确定。课题研究的过程包括选题、开题、做题、结题四个环节。学生需要撰写开题报告，教师要组织开展开题交流活动，开题报告应包括选题意义、文献综述、解决问题思路、研究计划、预期结果等。做题是解决问题的过程，包括描述问题、数学表达、建立模型、求解模型、得到结论、反思完善等。结题包括撰写研究报告和报告研究结果，由教师组织学生开展结题答辩。根据选题的内容，报告可以采用专题作业、测量报告、算法程序、制作的实物、研究报告或小论文等多种形式。

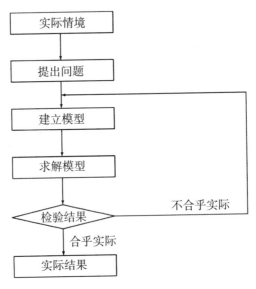

图2-1　数学建模基本过程

　　在选修部分，数学建模活动与数学探究活动以课题研究的形式开展。在选择性必修课程中，要求学生完成一个课题研究，可以是数学建模的课题研究，也可以是数学探究的课题研究。课题可以是学生在学习必修课程时已完成课题的延续，也可以是新的课题。选题可以在教师的指导下，自主选题，也可以在必修课程中数学建模活动或数学探究活动的研究基础上继续进行深入探究。类似必修课程的要求，课题研究应经历选题、开题、做题、结题四个环节。如果选题不变，需要在研究报告中说明与必修课程中研究的差异，深入研究的新思路、新方法，得到的新结果。根据选题的内容，报告可以采用专题作业、测量报告、算法程序、制作的实物或研究论文等多种形式。

　　学生应经历数学建模活动与数学探究活动的全过程，整理资料，撰写研究报告或小论文，并进行报告、交流。对于研究报告或小论文的评价，教师应组织评价小组，可以邀请校外专家、社会人士、家长等参与评价，也可以组织学生互评。教师要引导学生遵循学术规范，坚守诚信底线。研究报告或小论文及其评价应存入学生个人学习档案，为大学招生提供参考和依据。学生可以采取独立完成或者小组合作的方式，完成课题研究。重点提升数学建模、数学抽象、数据分析、数学运算、逻辑推理和直观想象素养等。

第三节　数学建模的达成目标及评价指标

一、达成目标

　　课标中将数学建模核心素养划分为三个水平层次，每一个水平是通过数学学科核心素养的具体表现和体现数学学科核心素养的四个维度进行表述的，它是目标达成的重要体现。其中，水平一和水平二是高考考查的重要层次。在考试命题时依然体现数学学科核心素养的四个维度：

　　情境与问题：情境主要是指现实情境、数学情境、科学情境，问题是指在情境中提出的数学问题。数学建模中的情境可充分结合数学文化或与其他学科交融联系，体现最前沿的科技与实事。内容也可覆盖高中数学的主干知识；

　　知识与技能：主要是指能够帮助学生形成相应数学学科核心素养的知识与技能。掌握数学建模的一般流程，能用数学的眼光看待问题，用数学的知识解决问题；

　　思维与表达：主要是指数学活动过程中反映的思维品质、表述的严谨性和准确性。通过完整的数学建模过程，能用数学的语言表达问题，能用数据说明问题等；

　　交流与反思：主要是指能够用数学语言直观地解释和交流数学的概念、结论、应用和思想方法，并能进行评价、总结与拓展。通过建模活动能对模型进行评价反思，加深一些评价指标（如：随机误差，残差，方差等）概念的理解。

　　其试题按考查质量又可描述为三个水平层次，见表2-2所列。

表2-2　数学学业位置

水平	质量描述
水平一	能够从熟悉的情境中，直接抽象出数学概念和规则；能够用归纳或类比的方法，发现数量或图形的性质、数量关系或图形关系，形成简单的数学命题；能够抽象出实物的几何图形，建立简单图形与实物之间的联系，体会图形与图形、图形与数量的关系；了解随机现象及简单的概率或统计问题；了解熟悉的数学模型的实际背景及其数学描述，了解数学模型中的参数、结论的实际含义；能够在熟悉的数学情境中了解运算对象，提出运算问题. 能够在熟悉的数学情境中，解释数学概念和规则的含义，了解数学命题的条件与结论之间的逻辑关系，抽象出数学问题；能够通过熟悉的例子理解归纳推理、类比推理和演绎推理的基本形式，识别归纳推理、类比推理、演绎推理；掌握一些基本命题与定理的证明，并有条理地表述论证过程；能够借助图形的性质和变换（平移、对称、旋转）发现数学规律；能够描述简单图形的位置关系和度量关系及其特有性质；能够了解运算法则及其适用范围，正确进行运算；能够根据问题的特征形成合适的运算思路；能够对熟悉的概率问题，选择合适的概率模型；能够对熟悉的统计问题，选择合适的抽样方法收集数据，掌握描述、刻画、

水平	质量描述
水平一	分析数据的基本统计方法;能够解决简单的数学应用问题;知道数学建模的过程包括:提出问题、建立模型、求解模型、检验结果、完善模型;能够在熟悉的实际情境中,模仿学过的数学建模过程解决问题。能够了解用数学语言表达的推理和论证;能够在解决相似的问题中感悟数学的通性通法;能够用图形描述和表达熟悉的数学题、启迪解决这些问题的思路,体会数形结合;能够体会运算法则的意义和作用,运用运算验证简单的数学结论;能够用概率和统计的语言表达简单的随机现象;能够结合熟悉的实例,体会概率的意义,感悟统计方法的作用;对于学过的数学模型,能够举例说明数学建模的意义,体会其蕴含的数学思想 能够在交流的过程中,结合实际情境解释相关的抽象概念;能够在日常生活中利用图形直观进行交流;能够用统计图表和简单概率模型解释熟悉的随机现象;能够用运算的结果、借助或引用已有数学建模的结果说明问题;能够明确所讨论问题的内涵,有条理地表达观点
水平二	能够在关联的情境中,抽象出一般的数学概念和规则,确定运算对象和随机现象,发现问题并提出或转化为数学问题;能够想象并构建相应的几何图形,发现图形与图形、图形与数量的关系,探索图形的运动规律;能够理解归纳、类比是发现和提出数学命题的重要途径;能够将已知数学命题推广到更一般的情形;能够在新的情境中选择和运用数学方法解决问题 能够用恰当的例子解释抽象的数学概念和规则;能够理解数学命题的条件与结论,通过分析相关数学命题的条件与结论,探索论证的思路,选择合适的论证方法予以证明;能够理解和构建相关数学知识之间的联系;能够通过举反例说明某些数学结论不成立;能够掌握研究图形与图形、图形与数量之间关系的基本方法,借助图形性质探索数学规律,解决实际问题或数学问题;能够针对运算问题,合理选择运算方法、设计运算程序,运算求解;能够选择合适的数学模型表达所要解决的数学问题,理解模型中参数的意义,知道如何确定参数,建立模型,求解模型;能够根据问题的实际意义检验结果,完善模型,解决问题;能够针对具体问题,选择离散型随机变量或连续型随机变量刻画随机现象,理解抽样方法的统计意义,运用适当的概率或统计模型解决问题 能够理解用数学语言表达的概念、规则、推理和论证,理解相关概念、命题、定理之间的逻辑关系,提炼出解决一类问题的数学方法,理解其中的数学思想,初步建立网状的知识结构;能够用图形探索解决问题的思路,形成数形结合的思想;能够理解运算是一种演绎推理,在综合运用运算方法解决问题的过程中,形成规范化思考问题的品质;能够在关联的情境中,经历数学建模的过程,运用数学语言,表述数学建模过程中的问题以及解决问题的过程和结果,形成研究报告,展示研究成果;能够在运用统计方法解决问题的过程中,解释统计结果,感悟归纳推理的作用;能够用概率或统计模型表达随机现象的统计规律 在交流的过程中,能够用一般的概念解释具体现象;能够利用直观想象、数学运算探讨数学问题;能够用数据呈现的规律解释随机现象;能够用模型的思想说明问题。能够在交流的过程中,围绕主题,观点明确,论述有理有据,并能用准确的数学语言表述论证过程

水平	质量描述
水平三	能够在综合的情境中,发现其中蕴含的数学关系,用数学的眼光找到合适的研究对象,用恰当的数学语言予以表达,并运用数学思维进行分析,提出数学问题;能够借助图形探索解决问题的思路;能够在得到的数学结论基础上形成新命题。能够通过数学对象、运算或关系理解数学的抽象结构;能够掌握不同的逻辑推理方法;能够对较复杂的数学问题,通过构建过渡性命题,探索论证的途径,解决问题;能够对较复杂的运算问题,设计算法,构造运算程序,解决问题;能够综合利用图形与图形、图形与数量的关系,理解数学各分支之间的联系;能够借助直观想象建立数学与其他学科的联系,并形成理论体系的直观模型,感悟高度概括、有序多级的数学知识体系;能够在现实世界中发现问题,运用数学建模的一般方法和相关知识,创造性地建立数学模型,解决问题;能够针对不同的问题,综合或创造性地运用概率统计知识,构造相应的概率或统计模型,解决问题。在实际情境中,能够把握研究对象的数学特征,感悟通性 通法的数学原理和其中蕴含的数学思想;能够运用数学语言,清晰、准确地表达数学论证和数学建模的过程和结果;能够理解建构数学体系的公理化思想;能够用程序思想理解与表达问题,理解程序思想与计算机解决问题的联系;能够通过想象对复杂的数学问题进行直观表达,抓住数学问题的本质,形成解决问题的思路;能够理解数据蕴含着信息,可以通过对信息的加工,得到数据所提供的知识和规律,理解数据分析在大数据时代的重要性 在交流的过程中,能够用数学原理解释自然现象和社会现象;能够利用直观想象探讨问题的本质及其与数学的联系;能够用程序思想理解和解释问题;能够辨明随机现象,并运用恰当的数学语言进行表述;能够通过数学建模的结论和思想阐释科学规律和社会现象;能够合理地运用数学语言和思维进行跨学科的表达与交流

课标指出:数学学业质量水平一是高中毕业应当达到的要求,也是高中毕业的数学学业水平考试的命题依据;数学学业质量水平二是高考的要求,也是数学高考的命题依据;数学学业质量水平三是基于必修、选择性必修和选修课程的某些内容对数学学科核心素养的达成提出的要求,可以作为大学自主招生的参考。

高考对"数学建模思想"的考查往往需要通过对文字性题目的分析,通过列方程组、不等式、函数、画几何图形等,把实际问题抽象成数学问题,将文字语言转化为熟悉的数学公式、图形等。根据数学知识点的不同,数学建模可以分为多种形式,高考数学的题型也可以分为多种模型:函数模型、线性规划模型、排列组合模型、概率统计模型、立体几何模型等。

二、评价指标

数学建模作为一个实际应用板块,多以活动探究课出现,因此除了考试评价,过程评价也很重要。在数学建模活动与数学探究活动的教学评价中,应引导学生积极参加,可以是个体活动,也可以是小组活动。教学活动包括,对于给出的问题情境,经历发现数学关联、提出数学问题、构建数学模型、完善数学模型、得到数学结论、说明结论意义的全过程；也包括根据现实情境，反复修改模型或者结论，最终提交研究报告或者小论文。无论是研究报告还是小论文，都要阐明提出问题的依据、解决问题的思路、得到结论的意义，遵循学术规范，坚守诚信底线。其评价方式也可分为如下几种。

（一）目标性评价

数学建模的目标是解决实际问题，并提供决策支持。因此，评价指标体系首先应包括对问题解决的效果进行评估的指标。常用的目标评价指标有：

①准确性：评估模型对于实际问题的解决程度，包括模型的预测准确度、误差分析等。

②稳定性：评估模型对于输入数据的变化和扰动的响应程度，包括模型的指导性、敏感性分析等。

③可靠性：评估模型的可信程度，包括模型的验证和验证结果的可靠性。

④可解释性：评估模型对于问题的解释程度，包括模型的可解释性、解释结果的合理性等。

（二）过程评价指标

数学建模的过程包括问题分析、模型建立、模型求解和结果验证等环节。评价指标体系还应包括对于数学建模过程的评估的指标。常用的过程评价指标有：

①问题分析能力：评估团队对于实际问题的分析能力，包括问题定义的准确性、问题分析的深度和广度等。

②模型建立能力：评估团队对于问题建立数学模型的能力，包括模型的合理性、模型的创新性等。

③模型求解能力：评估团队对于模型求解的能力，包括数学方法的选择和应用、算法的设计和实现等。

④结果验证能力：评估团队对于模型结果的验证能力，包括对比实际数据和模型结果、误差分析等。

（三）结果评价指标

数学建模的结果是模型的输出和解决方案。评价指标体系还应包括对于数学建模结果的评估。能用的结果评价指标有：

①实用性：评估模型和解决方案的实际应用价值，包括解决问题的效果、解决问

题的可行性等。

②经济性：评估模型和方案的成本效益，包括模型和方案的复杂度、计算资源的消耗等。

③可行性：评估模型和解决方案的可行性，包括技术可行性、实施可行性等。

④创新性：评估模型和解决方案的创新程度，包括模型的新颖性、解决方案的独特性等。

数学建模评价指标体系应包括目标评价指标、过程评价指标和结果评价指标。通过科学合理的评价指标体系，可以全面客观地评价数学建模的质量和效果，提高数学建模的应用价值和实际效果。同时，评价指标体系也为数学建模的改进和优化提供了科学依据。在实际应用中，可以根据具体问题的特点和需求，适当调整和补充评价指标，以更好地评价数学建模的质量和效果。

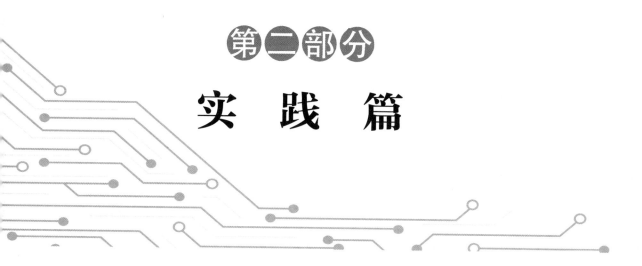

第二部分

实 践 篇

第三章
高中数学建模素养培养规划

第一节　教材中数学建模的课程布局

一、不同教材对数学建模活动的设置

在人教 A 版的教材中，有两处数学建模活动的设计，分别是在学习完函数和统计之后，见表 3-1 所列。

表 3-1　人教 A 版教材对数学建模活动设置

教材	位置	标题
人教 A 版必修一	第四章后	建立函数模型解决实际问题
人教 A 版选择性必修三	第八章后	建立统计模型进行预测

在人教 B 版的教材中，共有四处数学建模活动的的设计，分别对应了二次函数、指数函数、三角函数和统计模型，见表 3-2 所列。

表 3-2　人教 B 版对数学建模活动设置

教材	位置	标题
人教 B 版必修一	第三章后	决定苹果的最佳出售时间点
人教 B 版必修二	第四章后	生长规律的描述
人教 B 版必修三	第七章后	周期现象的描述
人教 B 版选择性必修三	第六章后	描述体重与脉搏率的关系

在北师大版的教材中，有三章专门安排数学建模活动的教学实施，分别对应在高一上、高一下和高二上，见表3-3所列。

表3-3　北师大版对数学建模活动设置

教材	位置	标题
北师大版必修一	第八章	数学建模活动(一)
北师大版必修二	第三章	数学建模活动(二)
北师大版选择性必修一	第四章	数学建模活动(三)

在沪教版的教材中，对数学建模有着非常详细的介绍，也是各个版本教材中在数学建模这个板块中着墨最重的，分别在必修四和选择性必修第三册的整册进行介绍，见表3-4所列。

表3-4　沪教版对数学建模活动设置

教材	位置	标题
沪教版必修四	整册	数学建模活动
沪教版选择性必修第三册	整册	数学建模活动

在苏教版教材中，共设计了11处的数学建模活动，内容丰富且非常贴近学生的实际生活，比如阶梯电价的设计、区分蠓蚊，这在其他版本的教材中是少有涉及的，而且有三次案例分析与课题研究，见表3-5所列，对学生数学建模能力逐层提升，学完以后能够达到较高的水平。

表3-5　苏教版对数学建模活动设置

教材	位置	标题
苏教版必修一	第七章后	港口水深的变化与三角函数
苏教版必修一	第八章后	体重与脉搏
苏教版必修一	专题:数学建模与数学探究	案例分析与课题研究
苏教版必修二	第十三章后	拟柱体体积公司
苏教版必修二	第十四章后	阶梯电价的设计
苏教版必修二	专题:数学建模与数学探究	案例分析与课题研究
苏教版选择性必修第一册	第三章后	双曲线时差定位法
苏教版选择性必修第一册	第五章后	三次样条模型
苏教版选择性必修第一册	专题:数学建模与数学探究	案例分析与课题研究
苏教版选择性必修第二册	第九章后	区分蠓蚊
苏教版选择性必修第二册	专题:数学建模与数学探究	案例分析与课题研究

湘教版教材共有五处数学建模活动的设计，选材也很贴近生活，比如易拉罐的优化设计、乐音频率与等比数列，不难发现，湘教版教材在必修部分只涉及了一处，大部分的建模内容都放在了选择性必修当中，具体见表3-6所列。

表3-6　湘教版对数学建模活动设置

湘教版必修第二册	第六章	数学建模
湘教版选择性必修第一册	第一章后	乐音频率与等比数列
湘教版选择性必修第一册	第三章后	冰川融化模型
湘教版选择性必修第二册	第一章后	易拉罐的优化设计
湘教版选择性必修第二册	第四章后	体重与脉搏的数据拟合模型

二、各版本教材对数学建模布局的认识

从各个教材版本，可以看出如下特点：

①严格落实新课标的要求，将数学建模和数学探究活动作为新课程的主题板块之一，都从课程的设置上保证新课标对数学建模与数学探究活动要求的落地；

②结合高中教学实际，都从必修与选修两部分内容设置数学建模活动课程；

③数学建模活动的教材编排都遵循了学生的学习与认知发展过程，从易到难，从简到繁的逐步提升；

④在新教材的编写中都占有很大的篇幅，好几种版本教材都整章，甚至整册书的编排数学建模活动，足见其对数学建模的主题地位的凸显；

⑤在建模内容的选材上几乎涵盖了高中数学的全部主题板块，将实际问题转化为函数、几何与代数、统计与概率等不同模型；

⑥都安排了先学习如何进行数学建模活动，再开展完整的数学建模课题研究，让学生在老师的带领下从认识什么是数学建模，如何开展数学建模活动，再到合作经历一定的课题研究，从而真正体验利用数学知识建立模型解决实际问题的过程。

教材的编写安排，既是教师教学的依据与参考，也是学生开展数学建模活动的学习规划，有了这些课程的设置，从而有序地将数学建模教学活动在高中数学学习中开展起来，让学生真正在一个个的建模活动中去体会数学的应用价值，实现会用数学的眼光观察世界，会用数学的思维思考世界，会用数学的语言表达世界的三会要求。

第二节 数学建模素养的目标达成分级

数学建模素养的培养不是一朝一夕的任务，在具体的教学操作中，若建模任务的难度太小，学生没有学习成就感，若建模任务的难度太大，学生则容易失去学习信心，两种情况学生都会丧失学习的积极性，导致我们的教学达不到期望的教学目的.在不脱离学生实际认知水平的基础上，让学生通过适当的努力能够完成教师设置的学习目标，让学生在整个的建模过程中始终处于主动求知的状态，这是我们数学建模教学的核心目标。

据此，结合"课标"的规划和学生的认知发展规律，在规划学生的培养目标方面，可参考如下安排。

一、在完成教材必修第一册的教学之后，学生应该达到"课标"中水平一的要求

①了解熟悉的数学模型的实际背景及其数学描述，了解数学模型中的参数、结论的实际含义；

②知道数学建模的过程包括：提出问题、建立模型、求解模型、检验结果、完善模型；

③能够在熟悉的实际情境中，模仿学过的数学建模过程解决问题；

④对于学过的数学模型，能够举例说明建模的意义，体会其蕴含的数学思想；感悟数学表达对数学建模的重要性；

⑤在交流的过程中，能够借助或引用已有数学建模的结果说明问题.

二、在完成教材必修第二册的教学之后，学生应该达到"课标"中水平二的要求

①能够在熟悉的情境中，发现问题并转化为数学问题，知道数学问题的价值与作用；

②能够选择合适的数学模型表达所要解决的数学问题；理解模型中参数的意义，知道如何确定参数，建立模型，求解模型；能够根据问题的实际意义检验结果，完善模型，解决问题；

③能够在关联的情境中，经历数学建模的过程，理解数学建模的意义；能够运用

数学语言，表述数学建模过程中的问题以及解决问题的过程和结果，形成研究报告，展示研究成果；

④在交流的过程中，能够用模型的思想说明问题.

三、在完成教材选择性必修的教学之后，学生应该达到"课标"中水平三的要求

①能够在综合的情境中，运用数学思维进行分析，发现情境中的数学关系，提出数学问题；

②能够运用数学建模的一般方法和相关知识，创造性地建立数学模型，解决问题；

③能够理解数学建模的意义和作用；能够运用数学语言，清晰、准确地表达数学建模的过程和结果；

④在交流的过程中，能够通过数学建模的结论和思想阐释科学规律和社会现象.

通过进行上述的分级目标教学，教师能够在数学建模的教学中分解和调整难度，把握难度的调整方向，结合具体的主线教学内容选择合理的建模素材，设置贴合学生实际情况的教学目标，让开展的数学建模教学的教育意义实现最大化.

第三节　行　动　规　划

数学建模的教学具有一定的规律性，总的原则就是在教学过程中要做到循序渐进，贴近学生的认知水平和心理。

一、第一阶段——教师针对正常的教学素材设立数学建模的"渐进式问题串"

在这个阶段旨在让学生感受到运用数学研究生活问题的有益和有趣，教师可以结合正常的教学素材安排一些可以用数学知识巧妙解决的问题，如投资、税收、体育赛制等，学生只需要跟随教师的思路完成问题即可，对学生来说要求不高，可以有效地调动学生的积极性。

二、第二阶段——教师设计问题情境，带领学生体验数学建模

在这个阶段，随着问题难度的加大，教师可以向学生介绍相关的知识，同时引导学生进行交流、讨论，针对条件模糊、解决路径也不甚明朗的问题，教师可带领学生一起解决，向学生展示建立数学模型的过程，特别注意强调数学化的过程，将研究的实际问题用数学形式表达，将数学计算得到的结果回到实际问题中去翻译和检验。

三、第三阶段——学生自主提出问题，初步"见习"数学建模

在这个阶段，教师可以提供给学生数学应用、建模、探究的场景素材，教师不必给出具体问题，让学生自己观察和寻找有关的数学问题，发挥学生思维活跃、少有思维局限的优势，锻炼学生发现问题、提出问题的能力。针对相关背景知识匮乏的情况，教师可引导学生进行自主学习比如查阅文献和网络资料，也可以让学生相互交流，实现"生教生"，营造相互学习的氛围，提升学生的自学意识和解决问题的能力。在学生完成模型的建立、求解、翻译后，引导学生进行误差分析，了解误差产生的原因和解决办法，对模型的使用范围做进一步的探讨。

四、第四阶段——学生自主"微科研"，习得数学写作与展示

在这个阶段，学生可自主选题和收集素材，研究过程以及成果的表述也由学生自

已完成。学生在经历前面三个阶段之后，已经初步具备了完全自主进行数学建模的能力，学生可以在组建小组的基础之上，完整地经历选题、开题、建模与解模、结题与报告的完整环节，教师尤其要注重指导学生完成建模成果（小论文），并组织学生完成一次真实课堂的成果展示报告会。对学生的"微科研"成果，教师要给出恰当的、富有激励性又不失客观的评价，同时引导学生相互之间进行评价。

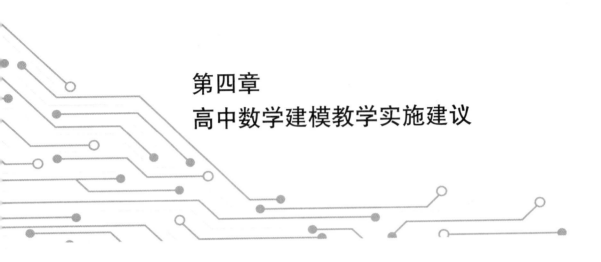

第四章
高中数学建模教学实施建议

第一节 数学建模在高中教学中的体现

数学建模是对现实问题进行数学抽象，用数学语言表达问题、用数学知识与方法构建模型解决问题的过程.高中数学教学要经历数学建模的过程，理解数学建模的意义；能够运用数学语言表达数学建模过程中的问题，以及解决问题的过程和结果，形成研究报告，展示研究报告，根据问题的实际意义检验结果，完善模型，解决问题；感悟数学与现实之间的关联，学会用数学模型解决实际问题，认识数学建模在解决科学、社会、工程技术等问题中的作用；学会交流与合作，提升应用数学知识解决问题的能力，增强创新意识和科学精神.

高中数学学习中常见应用问题与数学模型有如下几种。

1. 优化问题
实际问题中的优选、控制等问题，常需建立不等式模型和线性规划问题解决.

2. 预测问题
经济计划、市场预测这类问题通常设计成"数列模型"来解决.例如，2002年全国理科高考试卷中的一题：某城市2001年年末汽车保有量为30万辆，预计此后每年报废上一年末汽车保有量的6%，并且每年新增汽车数量相同.为保护城市环境，要求该城市汽车保有量不超过60万辆，那么每年新增汽车数量不应超过多少辆？

3. 最（极）值问题

工农业生产、建设及实际生活中的极限问题常设计成"函数模型"，转化为函数求最值。

4. 等量关系问题

通过题目中的等量关系建立方程，再通过方程整理出函数关系式或解方程来解决问题。

5. 测量问题

一些几何问题常通过几何知识或者解析几何知识来解决问题。

第二节 课标、教材对数学建模活动要求

在教材必修第一册中，结合茶水温度与时间变化的模型介绍了建立函数模型的实施流程，如图4-1所示。

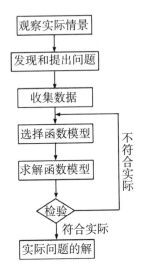

图4-1 函数模型流程图

在课标中，提出了更广泛的数学建模活动基本过程，如图4-2所示。

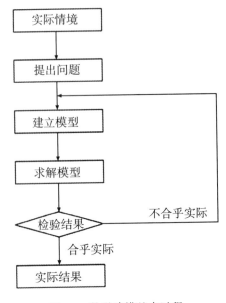

图4-2 数学建模基本过程

可以看出，唯一的区别仅仅是建立模型和选择函数模型的区别，整体的建模过程是一致的。另外，教材必修一中还提出了数学建模活动的要求，提供了一种建模活动研究报告的参考形式，见表4-1所列。

表4-1 建立函数模型解决实际问题

___年___班   完成时间：

1. 课题名称	
2. 课题组成员及分工	
3. 选题的意义	
4. 研究计划(包括对选题的分析,解决问题的思路等)	
5. 研究过程(搜集数据、分析数据、建立模型、求解模型的过程,以及过程中出现的难点及解决方案等)	
6. 研究结果	
7. 收获与体会	
8. 对此研究的评价(由评价小组或老师填写)	

　　课标中提出，数学建模活动与数学探究活动以课题研究的形式展开，在必修课程学习中，要求学生完成其中的一个课题研究. 在选择性必修课程学习中，也同样要求学生完成一个课题研究，可以是数学建模的课题研究，也可以是数学探究的课题活动. 课题可以是学生在学习必修课程时已完成课题的延续，或者是新的课题。

第三节　高中数学建模活动实施流程建议

《普通高中数学课程标准（2017年版2020年修订）》对数学建模以及数学建模的过程进行了明确的界定，数学建模是对现实问题进行数学抽象，用数学语言表达问题、用数学方法构建模型解决问题的素养。数学建模过程主要包括：在实际情境中从数学的视角发现问题、提出问题，分析问题、建立模型，确定参数、计算求解，检验结果、改进模型，最终解决实际问题。

教材对这项研究活动进一步具体化，提出高中数学建模活动的要求如下：

①组建合作团队；

②开展研究活动；

③撰写研究报告；

④交流展示。

数学建模活动以课题研究的方式进行，课题研究的过程包括选题、开题、做题、结题四个环节。

一、选题

选题就是选研究的问题，在自然、社会、生活等现实情境中用数学的眼光去发现并提出问题。这是数学思维的直观展现，是培养学生应用知识的能力以及抽象与高度概括的能力，这也是科学精神与创新意识培养的重要载体. 选题过程中要注意：

①所选问题是真实的、具体的；

②问题要有一定的实际意义，并力争体现创新性；

③根据自身的经验、预测，问题是可以解决的。

二、开题

开题是设计完善解决问题的思路，对问题解决提出明确而具有可操作的实施方案，建立解决问题方案的过程。主要包括以下工作：

①选题的意义、文献综述；

②解决问题的思路、研究计划；

③预期结果等。

三、做题

做题是根据解决问题的方案，建立数学模型，解决实际问题的过程，主要环节包括：

①分析问题的相关因素及其关系，用数学语言加以刻画，给出合理的假设，建立模型；

②根据解决问题的需要，深入实际调查实验，获取客观真实的数据，确立参数，求解模型；

③对于模型的求解结果进行实际检验与改进。

四、结题

结题是整理研究成果，撰写研究报告，开展答辩活动，交流心得体会的过程，主要工作如下：

①整理研究成果，填写研究报告表或撰写小论文；

②在答辩活动中，汇报研究成果，交流心得体会；

③反思改进建模活动，拓展研究成果。

【实例展示】测量建筑物的高度

1. 选择测量任务（选题）

在以下两个测量任务中任选其中一个，作为本次数学建模活动要解决的问题。

（1）测量学校内旗杆的高度，如图4-3所示。

（2）测量学校建筑物的高度，如图4-4所示。

图4-3　测量旗杆高度

图4-4　测量建筑物高度

2. 明确测量思路（开题）

（1）成立合作小组讨论测量思路（包括测量方法，确定控制和计算测量误差的方法）；

（2）制订测量方案（提出两套测量方案以便进行比较），小组成员分工；

（3）小组间相互交流，完善测量方案。

3. 实施测量方案（做题）

（1）实施现场测量，记录测量数据；

（2）完成计算，得出结果；

（3）进行实际检验。

4. 交流检测结果（结题）

（1）各小组抓住重点，突出特色报告测量工作；

（2）各小组相互评价，提出改进建议。

第四节 数学建模活动的教学安排建议

课标将数学建模与数学探究活动在必修和选择性必修课程中各列为一个主题，分别设置6个课时和4个课时，通过10个课时的教学实施，对数学建模的实施流程与课题研究的操作方法，学生能实现基本掌握，但自觉地应用数学知识解决实际问题的思维习惯，数学建模的各种能力水平要求，还无法达到。

以人教A版教材为例，教材中对数学建模的安排见表4-3所列。

表4-3 人教A版对数学建模活动设置

教材	位置	标题
人教A版必修一	第四章后	建立函数模型解决实际问题
人教A版选择性必修三	第八章后	建立统计模型进行预测

为了丰富数学建模活动课程设置，更好的建立知识与现实问题的联系，在完成教材安排的建模活动后，另外补充两个建模活动是必要的。设计见表4-4所列。

表4-4 教学建模活动补充设置

教材	位置	标题
人教A版必修一	第四章后	建立函数模型解决实际问题
(补充)人教A版必修二	第八章后	建立立体几何模型解决问题
(补充)人教A版选择性必修二	第四章后	建立数列模型解决问题
人教A版选择性必修三	第八章后	建立统计模型进行预测

第五节　数学建模活动的各学段学习安排建议

在必修一的学习中，学习完指数函数、对数函数、幂函数后，教材安排了第一次数学建模活动，建立函数模型解决实际问题，学习数学建模不是学习概念和命题，不能纸上谈兵，学习过程应当与实际紧密相连，还需要具备一定的数学知识，才能解决问题。学习了几类具体函数，学生有了一定的知识基础，所以可以建立一些函数模型，从而体验将现实问题抽象化，数学化的过程。

完成一个完整建模活动费时较长，立足教学实际，结合教学进度，完成指数函数与对数函数的教学刚好在高一上期，经历一次数学建模的体验，在后续的学习中还需继续巩固，所以建议高一下期在立体几何学习时，进行第二次建模活动。

吴宪芳在《中学数学教育概论》中提出，中学数学中的"空间想象能力指人们对客观事物的空间形式进行观察、分析、抽象思考和构造创新的能力"。也就是说，不能用眼睛全面观察事物时，可以运用空间想象力，根据一定线索对观察对象进行观察和分析，达到认知目的。空间想象能力分为三个认知层次：建立起空间观念、建构几何表象的能力及其操作能力。对于高中生来说，空间观念在其过往的学习经验中已经形成，后两种层次是在学生有了一定抽象能力的基础上慢慢形成后再在学习中形成的。丰富的空间想象能力是创造性思维的基础，而创造性思维正是这个时代所追求的，它可以帮助人类正确认识和改造客观世界。立体几何的学习就是要培养学生的空间想象能力，因此立体几何也是高中数学的重要板块之一。通过立体几何的建模，进一步培养学生的空间感，提升空间想象能力。

进入高二上期，数列与生活中很多实际问题紧密联系，存款利息、分期付款、环境保护、增长率、货款等热点问题，常常需要用数列的知识来解答。学习和掌握数列建模的基本方法与实际运用，建立数学模型解决实际问题。将有助于我们在生活中更好地进行优化决策，培养我们的应用意识，主体意识和创新精神，真正做到"学以致用"。所以有必要在数列学习后，组织一次数学建模活动。

在高二下期，学习选择性必修三第八章——成对数据的统计分析后，教材安排了一次数学建模活动，主题是建立统计模型进行预测，学生在学习完统计知识后，通过这样一个建模活动，去体验收集数据、整理数据、提取信息、构建数学模型，利用统计知识分析，求解，并得出结论，可以很好的应用知识，体会数学知识的现实意义。

高中学习任务重，压力大，数学活动是学生内化知识、体验应用，培养创新意识必不可少的途径。如果条件允许，还可以开展更多的建模活动。解决一些有意义的现实问题，选题的内容通常可以归纳为三方面：自然方面、社会方面、生活方面。自然方面如大海的潮汐现象、放射物的衰变等；社会方面如养老院的合理布局、传染病的传播和预防等；生活方面如乘车路线的规划、学生营养餐的配置等。具体可以参考表4-5至表4-7所列的选题。

表4-5　自然方面的选题

自然方面	公路上雪的融化速度
	都江堰宝瓶口的水有多深
	圭表与日晷原理的数学分析
	利用灯光促进植物生长的实验
	由氢键理论推算冰的密度
	从拼图游戏到人类基因组计划
	北京什刹海水草治理问题
	天体日、月象在旋转点阵屏上运行的数学模型
	云南白马雪山地区树木年轮宽度与气候变化的相关性研究
	植物叶表粗糙程度与吸附大气颗粒物能力的关系探究
	孔雀鱼体色基因类型初步研究

表4-6　社会方面的选题

社会方面	"110"巡警站的位置安排
	公路护栏的改良
	防错拨的城市电话号码设置方案
	对小区学生择校的研究
	如何使防护林达到最佳防护效果
	保安巡更路线方案及软件流程设计
	高峰期南苑中轴路红绿灯周期时间的设计
	利用数码相机测量桥梁裂纹
	埙的容积对音高的影响
	老年人免费乘公交车的社会成本
	"梦之队"组建的最优化选择
	汉字结构特征及其识别
	"月上柳梢头，人约黄昏后"——古诗中的天文学问题
	中国古建筑建造中"举折法"屋面曲线猜想
	泰森多边形在环境空气监测网络布设中的应用

表4-7　生活方面的选题

生活方面	流行歌曲的流行趋势分析
	宽窄巷子地铁站旅客流通情况及优化方案
	暖瓶的最佳保温水位
	讨论适合拼音输入法的键盘布局
	游览卢浮宫的最佳路线
	抽取式面巾纸的包装盒优化设计
	汽车后视镜的角度分析及安装改进
	十四款笔记本电脑性价比报告
	成都三环内加油站各区域分布数量方案
	为数独定难度
	太阳能电池板发电设备优化
	考试焦虑影响因素分析
	成都周边地区住房入住率估算与分析
	碘酸钾碘盐在烹饪食物时碘损失率的研究

　　数学建模是以各单元知识为载体，分布在各单元之中的，如函数、三角函数、立体几何、不等式、解析几何等单元都富含数学建模的内容。高三在高考复习的紧要关头，开展时间跨度长、任务重的课题研究有困难，不现实。立足高三实际情况，高三的数学建模应紧扣高考复习进行开展，从模型思想角度去分析解决问题，适当地进行总结和提炼，特别是加强模型中参数意义及其适用范围的剖析，加强数学知识与实际问题的联系与转化的。课标更强调用数学解决实际问题的能力，增加试题中的应用背景，体现了当前国家对应用型人才培养的迫切需求，要将应用能力的培养渗透到中学教育中去，这也正是数学建模带给学生的数学能力素养。

　　在数学建模中，从形式上看，应用能力体现在对未知复杂问题的灵活拆解，是在不断"出题"，而不是对现存问题的反复"刷题"。而数学建模正是锻炼学生的"出题"能力的有效方式，以"出题思维"来引导"做题思维"，学生学习的各项数学技能才能富有应用价值、创新价值。考数学建模是对中学教育提出了全新维度的要求，是希望引导数学教学回归用数学解决现实问题的本质目的，通过以考促学实现高考"引导教学"的核心功能。

　　历年的高考数学试题，侧重数学建模这一核心素养的考查，数学建模形式灵活多样，在高考试题中呈现的主要模型分类如下：

①与数量有关的模型，包括：函数，方程，不等式，数列，概率等模型；

②与形状有关的模型，包括：平面几何，立体几何模型；

③与位置有关的模型，包括：解析几何，极坐标等模型；

④与最值有关的模型，包括：线性规划模型。

因此，在高三复习中，要设计以模型为主题的大单元复习策略，有序地开展模型分析与求解的复习，从而提高学生的数学建模的核心素养。

第六节　高中数学建模的评价建议

任何教学活动如果缺失了评价，其教学效果都将大打折扣，针对学生的数学建模活动，我们要采取过程性评价和结果性评价相结合的方式，旨在激励学生更加积极地进行数学建模活动，提升数学建模的兴趣和能力。

一、重视过程性评价

数学建模活动与数学探究活动是综合提升学生数学学科素养的有效途径。在建模过程中，需要学生经历发现数学问题、提出数学问题、对实际问题进行分析假设、抽象构建数学模型、求解与检验、调整与优化、总结与报告的全过程，这些过程是孕育理性思维的温床，是触动灵感的源泉，是培养创新与创造精神的沃土，学生的收获来自亲身经历这样一个研究探寻的过程，所以过程性的评价就显得尤为重要。

针对学生最终达成的"微科研"，教师可以按照开题、数学建模、结题三个阶段进行相关的评价，在考虑每个阶段的评价要素和方法基础之上，对整个数学建模进行整体评价，可以采用等级评分制，比如"优秀""良好""合格""有待提高"，并给出具体的针对性评语。具体而言，各个阶段应具备如下的要素。

（一）选题

①问题要贴近学生的生活；

②问题的解决适合学生的认知能力，不宜太难，是学生通过适当自学能够实现解决的，比如中学的化学、物理、生物问题等；

③问题的解决需要用到相关的数学知识，不能脱离数学。

（二）数学建模

①对实际问题的分析到位；

②建立的数学模型合理；

③数学知识的运用到位；

④运用现代技术的能力较高；

⑤建模思路上具有创新。

（三）结题

学生最后进行数学建模的总结性陈述，包括前期工作、建模的过程、收获与体会以及模型的不足，其评价要素包括：

①对数学建模制定了科学的计划；

②数学建模的过程完整；

③了解自己的建模成果；

④知道在哪些方面还有发展余地。

教师在进行最后的整体性评价时，可以按照如下要素进行评价：

①整个小组的工作态度；

②数学应用的水平；

③建模过程的完整；

④成果呈现的特色；

⑤合作学习的成效；

⑥成果的价值与创新。

二、注重评价的方法与形式

好的评价是促动学生更加积极研究的催化剂，只有积极参与、主动思维的学习才能调动学生内在的无限潜力，才能让素养的提升在活动中得以实现。所以评价方法与方式就显得尤为重要。

评价需要搭建不同的平台，可以进行分析交流、小组互评、小组自评、板报宣传、专家评审等方式进行开展。在数学建模过程中常通过小组合作进行，使得不同的评价方式更容易进行操作。

评价时要注意从不同的指标进行，要考虑到任务的完成度、创新性与创造性、数学表达的完整与专业、数学思维与技术使用水平等指标。

三、科学地进行总结性评价

经历一个完整的建模课题研究，要求学生提交课题报告。课题要求表达清楚选题的现实意义与价值，解决问题的方法与过程，得到结论的可靠性与价值意义，报告可以是测量报告、算法程序、总结论文、研究报告等不同形式的呈现。这个过程也是学生素养发展的有效途径，在报告中去发展学生的总结、归纳、梳理的能力，去培养学生的表达能力。

对学生的报告要严谨地对待，可以组织专家进行评审，给出科学严谨的评价意见，这样能够更好地促进学生的理性认识能力，培养科学严谨的学习态度，学生的成长在这样的评价中，培养学生敢于质疑和善于反思的科学素养，有助于学生的终身发展。

四、注重评价的多维度

评价不能是单向的，也不能是一维的，这对教与学都是没有好处的，评价要有生长性、发展性，有利于教师学生后续的成长。所以可以从教师教学、学生学习、素养发展、学业水平达成等维度进行。表4-8至表4-10列出了一些评价量表供参考。

表4-8　教师教学评价量表一

教师	选题	开题	解题	结题
预设与生成				
目标与达成				
意义与价值				
成功与不足				
反思与启发				

表4-9　学生学习评价量表二

学生	选题	开题	解题	结题
收获启发				
反思不足				
思维品质				
关键能力				
情感态度				

表4-10　基于素养评价量表三

学科素养	建模目标	建模环节	教师行为	学生表现	成果反馈	学业水平
数学抽象						
直观想象						
数学运算						
逻辑推理						
数学建模						
数据分析						

五、注重评价的科学性

为了评价的科学性，当然也可以利用更为量化的指标进行评价，主要是运用在需要对数学建模进行评比和评奖的情况。评价指标依据高中数学课标中有关数学建模核心素养的水平划分，以及 STEAM 教育理念和数学建模活动的主要过程，从"情境解读""数学建模""数学表达""交流协作"和"成果转化"五个一级指标，以及与之相对应的 15 个二级指标和四个水平划分，可参考表 4-11 至表 4-15 所列指标进行。

表 4-11　高中生数学建模素养"情境解读"水平评价表

评价项目		水平划分与描述			
一级指标	二级指标	水平 0	水平 1	水平 2	水平 3
情境解读	发现问题	几乎不能将现实问题与数学问题相联系	能在简单现实问题情境中发现问题，并转化为数学问题	能在现实问题情境中发现问题，并转化为数学问题	能在 STEAM 问题情境中发现问题，并转化为数学问题
	分析问题	几乎不能对现实问题进行陈述、分析	能对问题进行简单陈述，但条理不清，分析缺乏逻辑性	问题陈述较完整，条理不够清晰，分析不够到位	问题陈述完整，条理清晰，研究方向明确分析到位
	查阅文献	几乎没有查阅文献	能查阅部分文献，缺少评述	能查阅重要文献，并进行简单评述	能查阅重要文献，并进行综合评述

表 4-12　高中生数学建模素养"数学建模"水平评价表

评价项目		水平划分与描述			
一级指标	二级指标	水平 0	水平 1	水平 2	水平 3
数学建模	模型假设	几乎没有模型假设，或缺乏假设依据	能根据现实问题进行简单的模型假设，但未做合理性说明	能根据现实问题进行模型假设，但合理性说明不到位	能根据现实问题进行模型假设，且合理性说明到位
	建模解模	几乎没有模型或模型有误，无解模过程	能建立含变量和参数的模型，但模型陈述不清，解模有误	能建立含重要变量和参数的模型，解模过程不完整	能建立含关键参数和变量的模型，解模过程完整
	应用检验	几乎没有给出应用检验的数据或实验结果	能简单给出应用检验的数据或实验结果，但与现实问题的匹配程度低	能较完整给出应用检验的数据或者实验结果，但有偏差或结果不够合理	能在现实或模拟软件中对解决方案进行应用检验，实证充分且结果合理

表4-13 高中生数学建模素养"数学表达"水平评价表

评价项目		水平划分与描述			
一级指标	二级指标	水平0	水平1	水平2	水平3
数学表达	分析评价	缺乏对解决方案的评析,或评析错误多	能对解决方案进行简单评析,但视角不够合理或有少量错误	能较完整评析解决方案,视角合理,缺乏可行性分析	能完整评析解决方案,视角合理,可行性分析到位
	撰写报告	文字表述、数学表达错误多,可读性差	文字表述、数学表达出现少量错误,可读性一般	文字表述、数学表达较规范,可读性较好	文字表述、数学表达规范,以图表辅助表达,可读性强
	学术规范	规范性差,排版凌乱,重复率超过30%	有少量规范性错误,排版不一,文章重复率在20%~30%	规范性好、排版较好,文章重复率在10%~20%	规范性好,排版美观,文章重复率低于10%

表4-14 高中生数学建模素养"交流协作"水平评价表

评价项目		水平划分与描述			
一级指标	二级指标	水平0	水平1	水平2	水平3
交流协作	作品展示	照本宣科,陈述逻辑不清,几乎无亮点	图文并茂,陈述逻辑较清晰,但缺乏创新点	运用现代信息技术手段,陈述清晰,有创新点	综合运用多种技术手段,陈述条理清晰,创新点突出
	联合问辩	不能回应专家提出的问题或答非所问	能简单回应专家提出的问题,但对问题的论证不合理	能较灵活回应专家提出的问题,但论证不充分	能灵活回应专家提出的问题,论证充分,能自圆其说
	团队协作	几乎无团队协作或作品由单人完成	有一定的团队协作,但分工不明确	有较好的团队协作,分工较明确,但配合不够默契	团队协作性强,分工明确,团队执行力强配合默契

表4-15 高中生数学建模素养"成果转化"水平评价表

评价项目		水平划分与描述			
一级指标	二级指标	水平0	水平1	水平2	水平3
成果转化	实模制作	没有制作软件模型或实物模型	能制作简单的软件模型或实物模型，但本质特征不明显	能制作软件模型或实物模型，能体现部分特征和优点	能制作软件模型或实物模型，能体现本质特征和优点
	作品参赛	作品不符合参赛标准	作品能参加校级数学建模或科技创新比赛	作品能参加区域级数学建模或科技创新比赛	作品参加高级别数学建模或科技创新比赛
	成果采纳	成果未被有关部门采纳或者未申请专利	成果被接受，但未推广应用；或者申请了专利，但未被受理	成果被采纳，并在区域内推广应用；或者获得专利受理书	成果被采纳，并获大范围推广应用；或者获得专利证书

各评价指标的权重可参考表4-16所列标准。

表4-16

一级指标	权重	二级指标	权重
情境解读（I）	0.32	发现问题（I_1）	0.12
		分析问题（I_2）	0.14
		查阅文献（I_3）	0.06
数学建模（M）	0.28	模型假设（M）	0.05
		建模解模（M_2）	0.16
		应用检验（M_3）	0.07
数学表达（E）	0.22	分析评价（E_1）	0.08
		撰写报告（E_2）	0.10
		学术规范（E_3）	0.04
交流协作（C）	0.12	作品陈述（C_1）	0.05
		联合问辩（C_2）	0.04
		团队协作（C_3）	0.03
成果转化（T）	0.06	实模制作（T）	0.02
		作品参赛（T_2）	0.02
		成果采纳（T_3）	0.02

第七节 数学建模活动应注意的事项

一、对所给问题要有较全面的考虑

在一个实际问题中往往有很多因素同时对所研究的对象发生作用。在进行数学描述之前应该全面地对这些因素加以考虑。首先列举各种因素；其次选取主因素计入模型；最后考虑其他因素的影响，对模型进行修正。

二、创造性地改造已有模型或自创新的模型

在建模时可以自创新的模型，更实际的方法是改进现有的模型或利用成熟的数学方法。但评价一个数学模型的优劣往往要看模型的创造性，主要体现在对细节上，如数据不规则性的处理、NPC问题简化后是否可找到可行的合理的计算方法等。

三、善于在简单与复杂、精确与普适等相反特征之间取得调和

数学模型应当是对实际问题的本质刻画。如果过于简单就不能抓住本质，尽管此时模型简单易懂；如果不分主次因素一概计入模型，则不仅显得庞杂，而且掩盖问题本质。例如，对于规划模型，一方面可设计可调参数，使模型具有较广的适应度；但另一方面，参数过多，会增加计算的难度和模型的精确度。相反的极端之间的调和和权衡依赖于对问题本质的深刻理解。

四、注重结果分析，考虑其在实际中的合理性

结果的合理性是检验模型的重要因素，用数学模型去解决实际问题，是否具有指导意义，在实际中的合理性是不可忽略的。

五、善于对模型进行检验

模型检验是评估模型的准确性和可靠性的关键步骤，在实际中，往往需要根据具体情况选择合适的方法来评估模型的性能。

六、尽量使用简单的数学工具

建模通常不是一次成功，往往需要反复改进假设条件或建模方法。可以先建立简单、基本模型，再做改进和修正。

爱因斯坦曾说过："提出一个问题往往比解决一个问题更为重要，因为解决一个问题或许仅是一个数学或实验上的技巧问题，而提出新的问题，新的可能性，从新的角度看待旧问题，却需要创造性的想象力，而且标志着科学的真正进步。"开展数学建模活动，让学生经历数学建模活动的全过程，整理资料，撰写研究报告或小论文，并进行报告、交流。让学生在活动中提升数学建模、数学抽象、数据分析、数学运算、逻辑推理和直观想象素养。

第五章
教学实施与高考链接

第一节 以一节课为例看高中数学建模课的组织实施

在函数章节学习完毕，结合新教材的理念与要求开展了一个建模课题的探索。采取课堂与课外相结合，教师指导与生生合作相结合的模式，从认识建模开始，再进行选题，开题，做题，结题，进行了四次课内学习，多次的课后合作，历时一个月。现以这节课为例，呈现一个完整的高中数学建模实施样本，供读者参考。

一、明确建模概念与流程

数学建模是对现实问题进行数学抽象，用数学语言表达问题、用数学方法构建模型解决问题的素养。数学建模过程主要包括：在实际情境中从数学的视角发现问题、提出问题，分析问题、建立模型，确定参数、计算求解，检验结果、改进模型，最终解决实际问题。

数学建模主要表现为发现和提出问题，建立和求解模型，检验和完善模型，分析和解决问题。所以建模课堂不能采用"讲练"的传统教学形式，而是采取分步推进的形式进行，让学生有完整的过程体验。

数学建模活动的基本流程如图5-1所示。

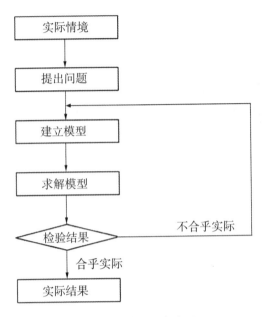

图 5-1　数学建模基本流程

鉴于这是学生进入高中后，第一次接触建模活动，所以在进行建模活动之前教师以"茶水中的数学问题"为例介绍完整的数学建模流程：

第一，提出问题：这是把现实问题抽象成数学问题的阶段，理清问题中涉及的量，明确研究中哪些量与量相关，展望抽象出来的量（时间）与量（温度）的函数关系。

第二，收集数据：可通过实验的方式获得数据，排除次要因素对数据的影响，反复多次实验。也可查找现成数据。

第三，分析数据：借助信息技术作出散点图，观察量与量的函数关系。

第四，建立模型：选择恰当的函数模型，不一定唯一，可以进行优劣比较。本题是一个衰减模型，借助信息技术拟合函数。

第五、检验模型，解决实际问题。

二、选题，分组合作建立模型

学习建模流程后，接下来是选题。可以调查孩子们关心的话题，还得符合中学生的数学能力，情境不宜太复杂，量不宜太多，方便学生从问题中抽取出量与量的关系。

给出材料：

春季正值各病毒感染高峰期，为研究流行感冒病毒感染人数增长方式，请小组自主搜集一个地区（社区、医院）连续周期确诊人数，以及采取控制措施（接种疫苗或隔离）干预后，增长趋势变化情况。

小组在对建模流程认识清晰的基础上利用课外时间开始建模活动。

（一）提出问题

各个小组在阅读材料后选取恰当的研究对象，班级6个小组研究对象确定如下（有相同）：

（1）研究某市一个月期间累积确诊人数随时间的关系；

（2）研究全国一个月期间累积确诊人数随时间的关系；

（3）研究某区一个月期间的累积确诊人数随时间的关系。

（二）收集数据

收集数据阶段各个小组都遇到了很大的困难，网络上的数据杂乱无章且不全，各个网站数据还不一致，还涉及累积确诊人数，新增确诊人数，康复人数等数据的干扰。最后为了数据的准确性，有同学想到了查某省卫健委官网，终于突破收集数据的难点。查找全国确诊人数的小组，同学们通过相关网站查到了相应的数据。

（三）分析数据

借助信息技术是分析数据建立模型的关键手段，班级主要用到两种软件，Excel和GGB，两种软件都有制作散点图和拟合函数的功能。

（四）建立数学模型

函数模型的选择考查了学生对几种增长函数模型的性质的掌握，根据图形的趋势选择拟合较好的函数模型，大家通过不同的选择观察了拟合效果。

（五）解决实际问题

如果说前面都可以较固定的按照一定的流程完成，那么这一步就真正考查同学们的应用性和创新性。在第一次拟合出函数后同学都可以利用函数模型进行预测，在与实际数据做比较，明显可以看见在人为干预对疫情防控的效果。

仅仅做到这里，学生自己都觉得还不够。都想能不能再做一些深入的思考与研究，对建模的实际意义做进一步挖掘。于是有同学想到：

可以把一地的数据迁移到另一地点，如果某地发生类似疫情可以预测在最初一段时间内的感染人数。

三、分析交流，改进模型

在小组进行多次修改和讨论后形成成果进行汇报，在准备阶段要求成果体现建模流程的完整性：确定课题，小组分工，收集分析数据，建立检验模型，解决实际问题。汇报内容要求如下：

（1）提炼每个环节的关键字。这样的目的在于清晰建模流程，更明白每个环节的必要性和应注意的细节。比如有学生提到收集数据时如果采用查找的方式一定要保证数据的真实性，如果是实验得到数据，既要多次实验，也要保证实验条件的一致。

（2）分析选择函数模型的原因，分析拟合效果。既是对学过的初等函数的性质复习，也体会模型的不唯一性，但可以借助信息技术看出拟合效果的优劣，也体现对模型检验的必要性。

（3）如何利用模型对实际问题进行解答。学生总能根据数据对材料中的具体问题进行回答，对评价性问题总是感觉很困难，更难的是再发现新的问题与研究方向。这个环节呈现提出问题的心路历程，分享思考的角度。

四、总结提炼，形成报告

在三个小组汇报结束后借助以下几个提问再次巩固建模流程和数学应用意识。

①汇报中明确研究对象了吗？

②如何选择函数模型，大家共建立了几种函数模型，有对错之分吗？有好坏之分吗？（可以用相关指数刻画模型的拟合效果。教师可以分享检验模型的必要性。）

③根据这次活动，你觉得数学建模的意义是什么？

小组合作，形成报告，并反思经历这次建模活动的收获。在学生完成报告后，再指导学生完善报告，进行评比，总结本次建模活动。

本堂课是老师带领学生经历的一次完整的数学建模，数学建模重在过程，在过程中不断发现完善，一次建模活动不可能是一堂课就能解决的问题。

最后汇报课的成型是前面三堂课的铺垫。第一节课给同学介绍了用函数模型解决实际问题的一般流程；第二节课选题，选好题后再进行收集数据，然后再课下小组合作建立模型，并求解；第三节课由三个小组汇报得到的结论，在交流中学习，相互借鉴，让另三个小组在第三课后继续思考，再去优化改进；第四节课呈现最后的成果分享，再去完成研究报告。

建模活动是一种课题研究，在课题开展过程中一定会有很多困难，学生在不断面对问题、解决问题中探索，真正让学生体会现实问题的数学化过程，知识的应用过程，在不断地分析问题、解决问题中前行，学生的综合能力和学科素养得到了很好的发展。

第二节 从高考看数学建模教学

一、数学建模在高考中的体现

课标强调用数学解决实际问题，增加试题中的应用背景，数学建模的考查对中学教育提出了全新维度的要求，引导数学教学回归解决现实问题的本质，通过以考促学实现高考"引导教学"的核心功能。纵观多年的高考数学试题，侧重数学建模这一核心素养的考察，数学建模形式灵活多样，在高考试题中呈现的主要模型分类如下：

①与数量有关的模型，包括：函数，方程，不等式，数列，概率等模型；

②与形状有关的模型，包括：平面几何，立体几何模型；

③与位置有关的模型，包括：解析几何，极坐标等模型；

④与最值有关的模型，包括：线性规划模型。

人教A版教材中数学建模内容主要分布于函数及其应用与线性回归模型两大主题，内容编排主要包括"已知初步体会""新知深理解""专题系统总结""新知迁移巩固"等环节，结合新课标，对数学建模素养水平的界定，确定了表5-1所示的数学建模素养水平编码。

表5-1　数学建模素养水平编码表

水平	编码	描述
水平一:知识理解	M_1	掌握常见数学模型的实际背景和数学描述 模仿熟悉的数学建模过程或根据已知模型解决问题 能够借助或引用已有数学建模结果说明问题
水平二:知识迁移	M_2	在实际情境中发现为题并转化为数学问题 在数学建模中,选择合适的模型来解决复杂问题 阐述时能够用模型思想说明问题
水平三:知识创新	M_3	建模时,能运用数学思维进行分析,发现数学关系,提出数学问题 利用数学方法和语言创造性地建立适合的模型来解决复杂问题 能够用数学建模的结论和思想阐述科学规律和社会现象

2022年全国卷在试题背景中涉及数学建模情景共有18道题，统计试卷、题型、建模模型背景和分值等信息，见表5-2所列。

表 5-2　2022 年高考全国卷指向数学建模素养的相关试题

试卷	位置	建模背景	背景类型	分值	总分
全国甲卷文	T2	调查垃圾分类讲座效果	社会生活	5	29
	T17	调查客车运行情况	社会生活	12	
	T19	设计封闭包装盒	实际生产	12	
全国甲卷理	T2	调查垃圾分类讲座效果	社会生活	5	22
	T8	《梦溪笔谈》"会圆术"	传统文化	5	
	T19	比较体育比赛成绩	校园学习	12	
全国乙卷文	T4	统计课外体育运动时间	个人生活	5	22
	T14	社区服务	社会生活	5	
	T19	估算树木总材积量	实际生产	12	
全国乙卷理	T4	嫦娥二号绕日周期	科学研究	5	27
	T10	计算象棋比赛获胜概率	个人生活	5	
	T13	社区服务	社会生活	5	
	T19	估算树木总材积量	实际生产	12	
新课标 I 卷	T4	计算水库蓄水量	社会生活	5	17
	T20	调查疾病与卫生习惯关系	科学研究	12	
新课标 II 卷	T3	古代建筑	传统文化	5	22
	T5	文艺汇演	社会生活	5	
	T19	调查疾病与年龄关系	科学研究	12	

　　近年来高考考查数学建模的试题情景呈现多样性，涉及生活生产、音乐建筑、天文地理、历史文化、生态环境、生物实验、信息技术、交通运输、医疗卫生等，试题在高考试卷中有选择题、填空题和解答题，题型也具有多样性。学生必须具备直观想象、数学抽象、逻辑推理、数学建模等数学核心素养，也是对学生数据分析、数学运算等关键能力的考查。

　　这类题目在高考评价体系中情况分析见表 5-3 所列。

表 5-3　2022 年全国卷（部分）数学建模考查情况分析

试卷	题号	四层				四翼
		必备知识	学科素养	关键能力	核心价值	
2022 年全国甲卷	理17	概率 统计 统计案例	逻辑推理 数学运算 数学抽象 数学建模	数据分析 数学运算 逻辑推理	世界观 方法论 综合素质	基础性 综合性 应用性
2022 年全国乙卷	理4	数列 不等式 推理 归纳	数学建模 逻辑推理 数学运算 数学抽象	逻辑推理 数学运算 数学抽象 数据分析	世界观 方法论 综合素质	基础性 综合性 创新性 应用性

试卷	题号	四层				四翼
		必备知识	学科素养	关键能力	核心价值	
2022年新高考Ⅰ卷	4	棱台 棱台体积	直观想象 逻辑推理 数学运算 数学建模	直观想象 逻辑推理 数学运算 数据分析	世界观 方法论 综合素质	基础性 综合性 应用性

教学中应让学生掌握数学建模问题的多角度思维和模块知识间内在联系的解决方法，提高分析问题、解决问题的能力，领悟分类讨论、数形结合、转化化归等数学思想，达到学以致用的目的，发展学生以理性思维为主线的逻辑推理、直观想象、数学运算、数学抽象、数学应用等核心素养，促进学生良好综合素养的达成，提升学生的数学素养。

二、数学建模教学思考

（一）重视课程标准的学习

在《普通高中数学课程标准（2017）》中明确指出，数学建模是数学的六大核心素养之一，明确了数学学科核心素养是数学课程目标的集中体现，是具有数学基本特征的思维品质、关键能力以及情感、态度与价值观的综合体现，是在数学学习和应用的过程中逐步形成和发展的，数学学科核心素养具有显著的时代特征，同时也具有鲜明的促进学生成长的作用。其中，概括性最为显著的数学建模，是对现实问题进行数学抽象，用数学语言表达问题、用数学方法构建模型解决问题的素养。

（二）研读新教材

教师在教学中要充分挖掘教材，用好新教材，加强指导，重视学生的亲身体验。在"双新"教育的视野下，新课程新教材背景下的数学建模，要以新的课程标准为指导，以新的教材内容作为基础，同时结合高中学生的认知特点，引导学生在数学抽象、逻辑推理等素养的支撑下，经历一个数学模型建立的过程，并且在获得模型后能实际运用，以巩固数学建模认知，形成数学建模素养。

（三）研究新高考，把握数学建模考向

高考试题中涉及的数学模型分为：函数模型、数列模型、不等式（组）模型、三角模型、立体与平面解析几何模型、统计概率模型等。如果按照问题情境分类，有"从现实生活中取材""从实际生产生活中取材""从数学史，中外名题中取材""从例

习题，竞赛题中取材""从人文学科中取材""从自然科学中取材等"等。涉及面较广，教师应研究高考真题，并进行归纳总结，以便提高课堂教学效率。

（四）重视学生的生活体验

数学教学有重结论轻过程，重解法轻应用的弊端，不注重学生能力和素养的培养；过分强调对定义、定理、公式等知识的灌输与讲授，不注重这些知识的应用，隔断了理论与实际的联系，致使学与用的严重脱节。培养学生建模素养能够锻炼学生各方面的综合能力，提高学生的综合素质，能促使学生体验数学知识在实际生活中的应用价值。

（五）强化学生的主体作用

数学建模要求建模者利用自己所掌握的数学知识及对实际问题的理解，通过积极主动的思维，提出适当的假设，并建立数学模型，进而利用恰当的数学方法求解此模型，并对解作出评价。这一过程包括了归纳、整理、推理、深化等活动，每一个过程又都需要学生自主发现问题和解决问题。

数学建模核心素养的独特性，使一道好题目能够有利于启示学生用数学眼光观察世界，有利于启迪学生用数学思维思考世界，有利于启发学生用数学语言表达世界；同时还具有良好的教学价值、科研价值、育人价值。

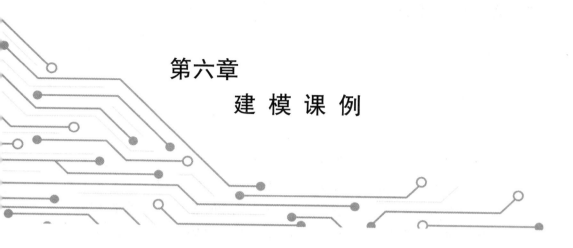

第六章
建 模 课 例

第一节　数理模型教学案例

数理模型是模型中的变量和参数之间的关系是确定的,可以通过数学公式和方法进行求解,往往应用在描述物理、工程、自然科学等领域的问题。本节选择了"潮汐问题""曼哈顿距离""商品不同包装规格成本""房贷还款问题"经典案例,介绍了数理模型的建立与求解过程,凸显运用数理模型过程中动脑分析和动手实践的重要性。通过几个案例的建模与分析,了解数理模型的特征,并为该类数学建模问题提供教学思路。

1.1　案例1　潮汐问题

一、现实背景与应用价值

地球上海水的周期性涨落称为潮汐。潮汐主要是月球对海水的引力造成的。潮汐现象的特点是每昼夜有两次高潮,这就对应着一个事实,在任何时刻,围绕地球的海面总体上有两个凸起部分,大体来说,他们分别出现在地表距月球最近和最远的地方。太阳对海水的引力对潮汐现象的产生也有一定的作用,但比月球弱得多。通过潮汐规律的建模,能够准确掌握海水潮汐规律,对渔业、海盐提取、海洋航运、潮汐发电等均有很大作用。

二、内容和内容解析

（一）内容

建立潮汐数学模型

（二）内容解析

潮汐是在月球和太阳引力作用下形成的海水周期性涨落现象。在白天的称潮，夜间的称汐，总称"潮汐"。一般每日涨落两次，也有涨落一次的。外海潮波沿江河上溯，又使得江河下游发生潮汐。由于夏历是以月相变化为依据，其有很大的作用是可以反映潮汐，潮汐现象是月亮起主导作用，以月相变化为依据的夏历，是古时指导海事活动的指南。月球对地球海水有吸引力，地球表面各点离月球的远近不同，正对月球的地方受引力大，海水向外膨胀；而背对月球的地方海水受引力小，离心力变大，海水在离心力作用下，向背对月球的地方膨胀，也会出现涨潮。

潮汐涨落周而复始，水位随着时间而变化，通过统计数据选择恰当的数学模型，通过数学模型来刻画潮汐的变化，掌握变化规律，从而应用潮汐，以此类推，掌握类似现象的数学模型建立方法。

三、目标和目标解析

（一）目标

（1）了解潮汐变化的规律。

（2）选择恰当的数学函数，建立潮汐模型。

（3）能够检验模型的好坏，并利用模型解决问题，并由此推广模型的应用。

（二）目标解析

达成上述目标的标志是：

（1）能通过查阅资料，得到真实可靠的潮汐数据，并通过数据分析，掌握变化的规律。

（2）能结合数据选择恰当数学函数，通过计算建立函数模型。

（3）能够结合数据资料，检验模型的好坏，并通过建模的过程体会方法，推广应用。

四、教学问题诊断分析

学生在前面学习了函数的基本性质与指数函数、对数函数、幂函数，学习了相关建模知识与方法，熟悉建模的流程。然后又学习了三角函数，通过三角函数性质的学习也理解三角函数可以描述事物周期变化的现象。

应用所学知识去描述自然现象，用具体模型去解释潮汐变化是学生没有经历过的，建模的难点在于对数据的分析处理，模型参数的求解，这些需要在摸索中去学习，从而提高认识，体会知识的应用。

五、教学支持条件分析

为了更好地得到准确的潮汐数据，可以通过互联网搜集资料。教学时对数据的处理分析，利用平板电脑借助数学软件可以很好地完成，最后运算求解参数并不繁杂，高中生计算就能实现。

六、教学过程设计

（一）观察实际情景，提出并分析问题

引导语：潮汐与渔业、盐业、港口建筑、以及海水动力利用有着十分密切的关系。潮汐与航海的关系也非常重要，将直接影响船舶航行计划的实施和航海安全，如需要通过浅水区，须预先依据潮汐资料计算出当地潮高、潮时，并正确调整吃水差；为了保证船舶安全地航行在计划航线上，须随时掌握当的潮汐与潮流资料，观测船位，调整航向。即使是在港内，也不能忽视潮汐、潮流对船舶安全的影响。在沿岸航行中，船长的航行命令、公司的航行规章制度、国际性机构对航行值班驾驶员的指导性文件中，都将掌握当时和未来的潮汐和潮流列为确保航行安全的驾驶台工作的重要内容。

问题1：在通常情况下，船在涨潮时驶进航道，靠近船坞；卸货后落潮时返回海洋。现一条货船的吃水深度（船底与水面的距离）为2.5 m，安全条例规定至少要有1.25 m的安全间隙（船底与海底的距离），那么该船在一天内（0:00—24:00）何时能进入港口？

师生活动：凡是到过海边的人们，都会看到海水有一种周期性的涨落现象。到了一定时间，海水推波逐澜，迅猛上涨，达到高潮；过后一些时间，上涨的海水又自行退去，留下一片沙滩，出现低潮，如此循环重复，永不停息。结合散点图，学生可以用学过的周期函数来刻画港口的吃水深度与时间的关系。

设计意图：由实际生活现象提出问题，以及研究问题的现实意义，提升学生对研究问题的兴趣。学生通过初步交流，对问题有初步感知，从而引导学生正向思维发展。

（二）收集数据

问题2：如何才能用数学模型来描述潮汐现象呢？

师生活动：学生交流后发现需要有潮汐的准确数据，通过数据进行分析。

设计意图：明确研究步骤。

问题3：数据从哪里来？每个港口一样吗？

师生活动：学生借助网络搜集资料，通过资料查询，分析问题。

设计意图：让学生意识到潮汐的水位受很多因素的影响，对研究对象要做恰当的限定，还要做合理的假设，关注主要因素，忽略次要因素。

参考数据：下面是某港口在某季节每天的时刻 t 与水深值 h （单位：m）记录见表6-1所列。

表6-1 某港口一天时刻与水深对应表

t	0:00	1:30	3:00	4:30	6:00	7:30	9:00	10:30
h	5.0	6.7	7.5	6.6	4.9	3.2	2.5	3.3
t	13:30	15:00	16:30	18:00	19:30	21:00	22:30	24:00
h	6.8	7.4	6.7	5.0	3.34	2.5	3.1	5.0

（三）分析数据

问题4：数据是否具有一定规律？

师生活动：学生研究数据。

追问1：数据呈现怎样的规律？

师生活动：学生回答，上表中的数据有一定的规律性，水深最大值为7.5 m，最小值为2.5 m，水深的变化有近似的周期性。

设计意图：研究数据规律，通过数据规律探寻函数模型。

（四）建立模型

问题5：怎样去直观呈现数据规律？

师生活动：作出散点图。

根据表中数据，可得如图 6-1 所示的散点图。

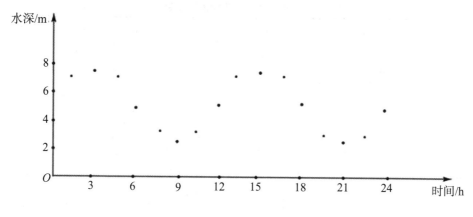

图6-1 某港口24小时水深散点图

问题6：可以用什么函数模型描述？

师生活动：学生回答，根据散点图，猜测水深与时间的关系可能符合三角函数关系，因此我们可以设 $f(t)=A\sin(\omega t+\varphi)+B\left(A>0,\omega>0,|\varphi|<\pi\right)$ 来描述水深与时间的关系。

问题7：如何求解模型？

师生活动：学生独立完成。

取两点（最高点和最低点） $A(3,7.5),B(21,2.5)$ ，而 $T=24$ ，

故 $T=24$ ，故 $\omega=\dfrac{\pi}{12}$ ，且 $\omega=\dfrac{\pi}{12}$ ，

而 $A=\dfrac{f(t)_{\max}-f(t)_{\min}}{2}=\dfrac{5}{2}$ ， $B=f(t)_{\max}-A=5$ ；

由表格数据知：最小正周期 $T=12$ ，即 $\dfrac{2\pi}{\omega}=12$ ， $\therefore \omega=\dfrac{\pi}{6}$ ；

$\because f(3)=\dfrac{5}{2}\sin\left(\dfrac{\pi}{2}+\varphi\right)+5=7.5$ ， $\therefore \dfrac{\pi}{2}+\varphi=\dfrac{\pi}{2}+2k\pi(k\in Z)$ ，

解得： $\varphi=2k\pi(k\in Z)$ ，又 $|\varphi|<\pi$ ， $\therefore \varphi=0$ ， $\therefore f(t)=\dfrac{5}{2}\sin\left(\dfrac{\pi}{6}t\right)+5(0\leqslant t\leqslant 24)$ 。

设计意图：通过数据呈现规律，通过作图进一步明确数据呈现的性质，再选择恰当函数进行模型求解。

（五）检验模型

问题8：模型是否可以用来预测？

师生活动：学生思考后作答，需要对模型进行检验。

对于给出的函数模型，我们考虑实际值与预测值之间的差异，见表6-2所列。

表6-2　模型预测值与实际值对比表

t	0:00	1:30	3:00	4:30	6:00	7:30	9:00	10:30
h	5.0	6.7	7.5	6.6	4.9	3.2	2.5	3.3
$f(t)$	5.0	6.7	7.5	6.7	5	3.2	2.5	3.2
t	13:30	15:00	16:30	18:00	19:30	21:00	22:30	24:00
h	6.8	7.4	6.7	5.0	3.34	2.5	3.1	5.0
$f(t)$	6.7	7.5	6.7	5	3.2	2.5	3.2	5

从表6-2可见模型误差较小，因此 $f(t)=\dfrac{5}{2}\sin\left(\dfrac{\pi}{6}t\right)+5(0\leqslant t\leqslant 24)$ 是较为合适的模型。

设计意图：得出函数模型，对实际问题还需要检验模型的好坏，让学生学会检验模型。

（六）求解问题

问题9：回述问题1。

师生活动：学生结合模型进行求解，回答实际问题。

由题意知：若该船能进入港口，则需 $f(t)\geqslant 2.5+1.25=3.75=\dfrac{15}{4}$ ，

即 $\dfrac{5}{2}\sin\left(\dfrac{\pi}{6}t\right)+5\geqslant\dfrac{15}{4}$ ， $\therefore\sin\left(\dfrac{\pi}{6}t\right)\geqslant-\dfrac{1}{2}$ ；

$\because 0\leqslant t\leqslant 24$ ， $\therefore 0\leqslant\dfrac{\pi}{6}t\leqslant 4\pi$ ，

则当 $0\leqslant\dfrac{\pi}{6}t\leqslant\dfrac{7\pi}{6}$ 或 $\dfrac{11\pi}{6}\leqslant\dfrac{\pi}{6}t\leqslant\dfrac{19\pi}{6}$ 或 $\dfrac{23\pi}{6}\leqslant\dfrac{\pi}{6}t\leqslant 4\pi$ ，

即 $0\leqslant t\leqslant 7$ 或 $11\leqslant t\leqslant 19$ 或 $23\leqslant t\leqslant 24$ 时， $\sin\left(\dfrac{\pi}{6}t\right)\geqslant-\dfrac{1}{2}$ ，

$\therefore$ 该船可在 $0:00-7:00$ 、 $11:00-19:00$ 和 $23:00-24:00$ 进入港口。

设计意图：应用自己建立的数学模型解决实际问题，体验建模的作用。

（七）联系生活

如图6-2所示，某摩天轮最高点距离地面高度为 $120\,\mathrm{m}$ ，转盘直径为 $110\,\mathrm{m}$ ，开启后按逆时针方向匀速旋转，旋转一周需要 $30\,\mathrm{min}$ 。游客在座舱转到距离地面最近的位置进舱，开始转动 $t\,\mathrm{min}$ 后距离地面的高度为 $H\,\mathrm{m}$ ，则在转动一周的过程中，高度 H 关于时间 t 的函数解析式是以下哪个？

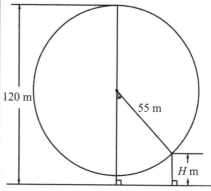

图6-2　摩天轮示意图

A. $H = 55\cos(\frac{\pi}{15}t - \frac{\pi}{2}) + 65(0 \leqslant t \leqslant 30)$

B. $H = 55\sin(\frac{\pi}{15}t - \frac{\pi}{2}) + 65(0 \leqslant t \leqslant 30)$

C. $H = -55\cos(\frac{\pi}{10}t + \frac{\pi}{2}) + 65(0 \leqslant t \leqslant 30)$

D. $H = -55\sin(\frac{\pi}{10}t + \frac{\pi}{2}) + 65(0 \leqslant t \leqslant 30)$

（八）课堂小结

（1）回顾建模的过程，概括建模流程有哪些?
（2）谈谈建模的意义。
（3）谈谈自己的收获。

（九）作业布置

筒车是我国古代发明的一种水利工具。如图6-3所示，筒车的半径为4 m，轴心 O 距离水面2 m，筒车上均匀分布了12个盛水筒。已知该筒车按逆时针匀速旋转，2 min 转动一圈，且当筒车上的某个盛水筒 P 从水中浮现时（图中点 P_0）开始计算时间。

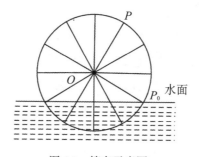

图6-3　筒车示意图

（1）将点 P 距离水面的距离 z（单位：m，在水面下时 z 为负数）表示为时间 t（单位：min）的函数；

（2）已知盛水筒 Q 与 P 相邻，Q 位于 P 的逆时针方向一侧。若盛水筒 P 和 Q 在水面上方，且距离水面的高度相等，求 t 的值。

七、目标检测设计

北宋天文学家苏颂发明的水运仪象台被誉为世界上最早的天文钟。水运仪象台的原动轮叫枢轮，是一个直径约 3.4 m 的水轮，它转一圈需要 30 min。如图 6-4 所示，退水壶内水面位于枢轮中心下方 1.19 m 处，当点 P 从枢轮最高处随枢轮开始转动时，打开退水壶出水口，壶内水位以每分钟 0.017 m 的速度下降，将枢轮转动视为匀速圆周运动。以枢轮中心为原点，水平线为 x 轴建立平面直角坐标系 xOy，令 P 点纵坐标为 y_1，水面纵坐标为 y_2，P 点转动经过的时间为 x min。（参考数据：$\cos\frac{\pi}{15} \approx 0.98$，$\cos\frac{2\pi}{15} \approx 0.91$，$\cos\frac{\pi}{5} \approx 0.81$）

（1）求 y_1，y_2 关于 x 的函数关系式；

（2）求 P 点进入水中所用时间的最小值（单位：min，结果取整数）。

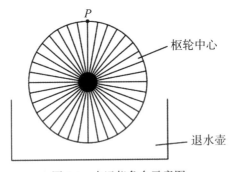

图 6-4　水运仪象台示意图

设计意图：考查函数模型的建立与应用。

八、教学评价与反思

对于在数学课堂每一位学生来说，他们的头脑并不是一张白纸——对数学有着自己的认识和感受。教师不能把他们看成"空的容器"，按照自己的意思往这些"空的容器"里"灌输数学"，这样常常会进入误区，因为师生之间在数学知识、数学活动经验、兴趣爱好、社会生活阅历等方面存在很大的差异，这些差异使得他们对同一个教学活动的感觉通常是不一样的。应该怎样对学生进行教学，教师会说要因材施教。可实际教学中，又用一样的标准去衡量每一位学生，要求每一位学生都应该掌握哪些知识，要求每一位学生完成同样难度的作业，等等。每一位学生固有的素质，学习态度，学习能力都不一样，对学习有余力的学生要帮助他们向更高层次迈进。数学建模时，教师应根据各组学生的实际情况，给予合理的指导或授课，让学生发挥自身的最大能力，把数学建模做好。

案例2　曼哈顿距离

一、现实背景与应用价值

曼哈顿距离是由赫尔曼·闵可夫斯基十九世纪所创的词汇，是一种使用在几何度量空间的几何学用语，用以标明两个点在标准坐标系上的绝对轴距总和。曼哈顿距离是一种地理测量方法，指在城市街区里基于街区的实际布局所测量的最短距离，其计算方法为两点的东西向距离与南北向距离之和。曼哈顿距离的实际应用非常广泛，尤其在美国曼哈顿岛的城市规划和交通规划中，有着非常重要的作用。对城市规划、交通运输、市场竞争、房地产、物流配送等方面有极大的应用价值。

二、内容和内容解析

（一）内容

曼哈顿距离的定义与计算，绝对值函数的最值。

（二）内容解析

曼哈顿距离是指两点在东西方向上的距离加上南北方向上的距离。对于一个具有正南正北、正东正西方向规则布局的城镇街道，从一点到达另一点的街道，正是在南北方向上的旅行距离加上东西方向上的旅行距离，因此，曼哈顿距离又称为"出租车距离"。曼哈顿距离不是距离不变量，当坐标轴变动时，点间的距离就会不同。

三、目标和目标解析

（一）目标

（1）理解曼哈顿距离的概念，会用代数式表示平面内两点间的曼哈顿距离。

（2）对于曼哈顿距离为背景的实际问题，经历提出问题、建立模型、求解模型的数学建模过程，掌握求解最小曼哈顿距离的方法。

（3）通过数学建模课程，培养用数学的眼光观察世界，用数学的思维思考世界，用数学的语言表达世界的意识。

（二）目标解析

（1）会表示平面内两点或多点之间的曼哈顿距离，并能求出对应距离的最值。

（2）能利用数学建模的过程，研究生活中的曼哈顿距离问题。

四、教学问题诊断分析

学生已经学过两点间距离公式、点到直线的距离公式，有类比学习的经验，在教师的引导下应该能较好的掌握曼哈顿距离的推导过程和实际应用，但曼哈顿距离的最值是学生学习的难点，突破难点的关键在于学生对绝对值不等式的掌握和应用水平。建模中要结合具体问题，深入理解以某点到已知各点的曼哈顿距离最小为约束条件，建立数学模型，确定点的位置。

五、教学支持条件分析

教学时可以利用三维动画展示多点之间的曼哈顿距离，利用直尺等工具准确作出曼哈顿距离的图示。

六、教学过程设计

（一）创设情境，引入新课

曼哈顿是一个极为繁华的街区，高楼林立，街道纵横规则，想象你漫步于曼哈顿街道，怎么测量沿直线行走的距离？

设计意图：实际情景引入，激发学习兴趣。

（二）自主学习，熟悉概念

（1）要求：学生阅读教材材料

（2）思考：

①数学建模的流程有哪些？

②直线上两点 A 和 B 之间的距离表示为 $d(A, B)$，怎么计算？

③什么是曼哈顿距离？怎么计算？

（三）检验自学，强化概念

1. 问题背景

在现实生活中，许多城市的街道相互垂直或平行，人们往往要通过直角拐弯行走才能到达目的地。若按照街道的垂直和平行方向建立直角坐标系后，则从 $A(x_1, y_1)$ 处走

到 $B(x_2,y_2)$ 的距离 $d(A,B)$ 为从 $A(x_1,y_1)$ 走到 $A'(x_2,y_1)$ 处的距离加上从 $A'(x_2,y_1)$ 走到 $B(x_2,y_2)$ 处的距离，即 $d(A,B)=|x_1-x_2|+|y_1-y_2|$，我们称该距离为"曼哈顿距离"。对于平面上任意三点 A，B，C，如图 6-5 所示，我们不难验证曼哈顿距离满足 $d(A,C)\leqslant d(A,B)+d(B,C)$。

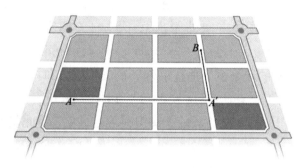

图 6-5　曼哈顿距离示意图

2. 曼哈顿距离的定义

一般情况下，设平面上有点 $A(x,y)$ 以及点 $B_i(x_i,y_i)$ $(i=1,2,3,...,n)$，则点 A 到点 B_i $(i=1,2,3,...,n)$ 的曼哈顿距离 Z 定义为点 A 到 n 个点 B_i $(i=1,2,3,...,n)$ 的曼哈顿距离之和，即 $Z=\sum_{i=1}^{n}d(A,B_i)$。

3. 问题解析

（1）模型建立。如图 6-6 所示，某地三个新建居民区的位置分别位于三点 $A(3,20)$，$B(-10,0)$，$C(14,0)$ 处。现计划在 x 轴上方区域（包含 x 轴）内的某一点 P 处修建一个文化中心，试确定点 P 的位置，使其到三个居民区的曼哈顿距离最小。

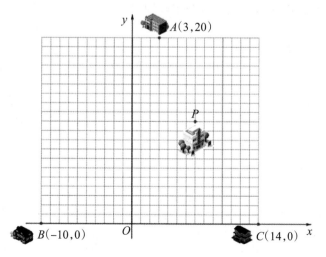

图 6-6　居民区曼哈顿距离示意图

根据定义得到

$$Z=d(x,y)=|x-3|+|y-20|+|x+10|+|y|+|x-14|+|y|$$
$$=(|x-3|+|x+10|+|x-14|)+(|y-20|+2|y|).$$

（2）模型求解。

问题1：当 x，y 分别为多少时，Z 取得最小值？此时 Z 的值为多少？

解析：水平方向和垂直方向的距离互不影响，把它们分别记为 $X=h(x)=|x-3|+|x+10|+|x-14|$，$Y=v(y)=|y-20|+2|y|$，则 $Z=X+Y=h(x)+v(y)$，因此 Z 的最小值等于水平距离 X 的最小值与垂直距离 Y 的最小值之和。分开来算，水平方向距离 $h(x)=|x-3|+|x+10|+|x-14|\geqslant|x+10|+|x-14|$，当且仅当 $x=3$ 时不等式的等号成立。而 $|x+10|+|x-14|\geq24$，当 $x\in[-10,14]$ 时等号成立。因此仅当 $x=3$ 时 X 取到最小值24。同理，对于 $Y=v(y)=|y-20|+2|y|$，当 $y=0$ 时 Y 取到最小值20。

问题2：文化中心 P 应该建在哪里？

解析：由上述分析知，文化中心应该建在 $P(3,0)$，此时距三个居民区的曼哈顿距离最小，最小距离是44。

问题3：如果仍以上述情境为背景，添加一个条件——以 O 为圆心、半径为1的圆形区域是保护区，人们不能进入，其他条件不变。你能求出此时的文化中心 P 的位置吗，使其到三个居民区的曼哈顿距离最小？

解析：由于单位圆区域不能进入，故此时满足 $x\geqslant1$ 或 $x\leqslant-1$，以及 $y\geqslant1$。依据同样的思路能够得得 $P(3,1)$，此时文化中心到三个居民区的曼哈顿距离的最小值为45。

问题4：对于模型求解这一步，上面我们是通过解不等式的方法得到的，你还有其他方法求出代数式 Z 的最小值吗？能否借助 $h(x)=|x-3|+|x+10|+|x-14|$ 与 $v(y)=|y-20|+2|y|$ 的函数图像来判断最值？

解析：教师利用Geogebra画出两个函数的图像，如图6-7所示。

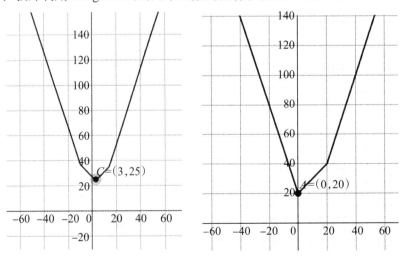

图6-7　曼哈顿距离数学模型函数图

由图像可以直观得到水平方向距离和垂直方向距离的最小值，当 $x=3$ 时 $h(x)$ 取最小值25，当 $y=0$ 时 $v(y)$ 取最小值20。

设计意图：以问题串的方式逐步引导学生思考，引导学生将实际问题转化为数学问题，体会建模的过程。

（四）探究设置机器零件检验台的位置

在实际生活中，还有许多的问题可以归结为基于曼哈顿距离的数学模型求解，以设置机器零件检验台的位置为例来说明。工作效率相同的 n 台机器位于一条直线上，每台机器生产的零件均需送到同一个检验台上检验，检验合格后才能进入下一道工序。已知零件在这条直线上的传达速度均相同，问检验台的位置设在哪里可以使得零件传送时总的距离最小？

问题1：若记 $A_i(i=1,2,3,\cdots,n)$ 为第 i 个零件的位置，x 是待求的检验台位置，y 是零件传送的总距离，你能求出 y 的表达式吗？

解析：$y=|x-A_1|+|x-A_2|+\cdots+|x-A_n|$。

问题2：当检验台的位置 x 为多少时，零件传送总距离 y 最小？此时最小距离 y 是多少？

解析：将 n 个常数 A_1，A_2，$\cdots$，A_n 从小到大排列，则有两种情况：一是当 n 为奇数时，即 $n=2m+1(m\in N^*)$ 时，则当 $x=A_{m+1}$ 时（即在最中间点位置），y 取得最小值，且最小值为 $\sum_{k=1}^{m}(A_{m+k+1}-A_k)$；二是当 n 为偶数时，即 $n=2m(m\in N^*)$ 时，则当 $x\in[A_m,A_{m+1}]$ 时（即在最中间的区间内）y 取得最小值，且最小值为 $\sum_{k=1}^{m}(A_{m+k+1}-A_k)$。

设计意图：结合案例二，让学生深度理解曼哈顿距离的建模问题，进一步规范解题步骤，建模活动主要步骤为：实际情境—提出问题—建立模型—求解模型—检验结果—实际结果。

（五）课堂小结

（1）曼哈顿距离的定义是什么？
（2）曼哈顿距离是如何求最小值的？
（3）数学建模的一般步骤是什么？

设计意图：引导学生复习本节课所学知识，进一步体会数学建模的操作步骤和思想方法，感受数学在生活中的应用，激发学生学习数学的兴趣。

（六）布置作业

（1）教材问题研究二。

（2）预习教材6.3数学建模案例（三）：人数估计

七、目标检测设计

必修二问题研究一和问题研究二。

八、教学评价与反思

本节课带学生回顾以曼哈顿距离为背景的实际问题的数学建模，第一步建立模型，建立数轴或坐标系将各个位置数量化，用字母表示未知点的位置，用字母的代数式表示出曼哈顿距离，确定约束条件；第二步求解模型，对于含绝对值的代数式，可以借助解不等式方法或者图像法求出最值；第三步检验模型，检验答案是否符合实际。课前应鼓励学生预习内容，指导学生实地勘测，小组合作自主建模，课上学生分享建模过程，教师再进行指导点评，充分发挥学生自主研究的意识和能力，培养数学建模素养。

案例3 商品不同包装规格成本

一、现实背景与应用价值

为适应各种流通条件的需要，要确保商品在流通过程中的安全，商品包装应具有一定的强度，坚实、牢固、耐用。包装还要"适量、适度"，对销售包装而言，包装容器大小与内装商品相宜，包装费用，应与内装商品相吻合。预留空间过大、包装费用占商品总价值比例过高，都有损消费者利益，误导消费者"过分包装"。因此，在安全、牢固的条件下，如何设计商品的包装才能最大限度地节约成本，成为厂家必须研究的课题。

二、内容和内容解析

（一）内容

建立商品包装成本的数学模型

（二）内容解析

新课标的基本理念就是要以学生发展为本，立德树人，提升学生的数学素养。数学学科核心素养包括数学抽象、逻辑推理、数学建模、直观想象，数学运算和数据分析，其中特别要求增强数学建模活动与数学探究活动。数学建模，简而言之，就是用数学知识解决实际问题。但是实际问题很少直接以数学形式出现，甚至看起来不像数学问题。这需要学生具备一定数学抽象素养。模型建立过程中，又需要学生进行演绎推理、归纳总结和提炼，既要求学生具有较好的逻辑推理能力，又需要学生具有较强的数据分析和数学运算素养。

三、目标和目标解析

（一）目标

（1）通过数学模型的建立掌握建模的基本过程、基本思路以及分析方法；

（2）根据建立的数学模型，学会对模型进行检验与分析，能够正确分析模型，解读模型。

（二）目标解析

（1）学生能够根据实际问题，对问题进行抽象和简化，最终转化为数学问题，并用数学的语言来描述问题；

（2）学生能对建立的模型进行简单分析和应用。

四、教学问题诊断分析

学生在高一阶段已经学习了一些建模的基本知识，掌握了一些建立函数模型的方法，能够处理一些简单的建模问题，因此本堂课采取学生课后完成，课堂分享的形式完成。

五、教学支持条件分析

为了更好更快地得到准确的商品包装成本数据，可以运用互联网搜集资料。教学时对数据的处理分析，学生可以利用平板借助数学软件很好地完成，最后运算求解参数并不繁杂，高中生计算就能实现。

六、教学过程设计

（一）观察实际情景，提出并分析问题

案例：生活中很多商品都有大小不同包装规格，比如，雪碧、酸奶、饼干、凤爪等。表6-3所列是在某超市了解到的酸奶和雪碧的不同包装规格及其价格。

表6-3　某超市酸奶、雪碧价格表

商品	商品量	价格	单价
酸奶	750克	12.9元	0.0172元/克
	1250克	17.8元	0.0142元/克
雪碧	0.3升	2.1元	7元/升
	0.5升	3元	6元/升
	0.888升	4.5元	5.0676元/升
	2升	7.5元	3.75元/升

从表6-2所列可以看到，当商品的"量"增加时，价格也会增加，但是价格的增加与"量"的增加不成比例，也就是说大包装的商品每单位的价格比小包装的价格要低。这很可能是由于节约了包装成本的缘故，由于包装成本更低，使商品的平均单位价格更低，但是利润率并不一定降低。试建立数学模型说明商品不同包装规格的成本（或价格）依赖于货物量的规律。

设计意图：实际情景引入，激发学习兴趣。

问题1：同样的商品，不同的包装规格成本不同，商品的成本可能由哪些方面构成？同样的商品，不同的包装规格生产和包装的工作效率是否一样？

师生活动：课前思考讨论完成，上课分组回答。根据实际对象的特征和建模目的，对问题进行必要的简化，抓住影响研究对象的主要因素，舍去次要因素，并用精准的语言提出一些恰当的假设，不同的假设会得到不同的模型。

预设答案：商品的成本由生产成本、包装的劳动力成本、包装材料成本、运输成本、广告成本等构成。

若假设工人工作效率一样，可以得到如下的模型假设：

①商品的成本由生产成本、包装的劳动力成本、包装材料成本构成，其他成本可以忽略不计；

②所讨论的商品生产和包装的生产效率是固定不变的；

③商品包装的形状是相似的，不同大小包装所用的包装材料是相似的或者价格上没有差异。

设计意图：由于建模过程比较复杂，需要对建模过程做适当铺垫，对学生进行适当提示，但是又不至于太过直接，因此采取合理设问的方式。这两个问题主要是为了帮助学生归纳出合理的模型假设。

（二）模型建立

问题2：用 x 表示一件商品的质量（下面探究成本与质量的关系）。

（1）用 a 表示生产一件商品的成本（不含包装），则_____；

（2）包装一件商品的成本包括包装劳动力成本和包装材料成本：

①用 b_1 表示包装一件商品的劳动力成本，则_____；

②用 b_2 表示包装一件商品的材料成本，则_____；

（提示：几何体的表面积 S 与体积 V 有如下关系：$S=kV^{\frac{2}{3}}$）

（3）一件商品的总成本与质量的函数模型 $y=f(x)$ 是_____；

一件商品单位货物量的成本函数模型 $z=g(x)$ 是_____；

师生活动：这个阶段学生的问题会特别多，需要加强讨论与师生交流，共同寻找最合理的方案。几何体的表面积与体积的关系是学生不熟悉的，可以通过球的表面积与体积的关系进行说明。另外把模型中的常数进行合并可以减少模型中的参数，让模型更加简洁。

预设答案：（1）　$a=k_1x$；

（2）①　$b_1=k_2x$

②　$b_2=k_3S$

一件商品的总成本与货物量的关系是：$y=k_1x+k_2x+k_5x^{\frac{2}{3}}=(k_1+k_2)x+k_5x^{\frac{2}{3}}$；

化简整理后：$f(x)=a+b=px+qx^{\frac{2}{3}}$；

$$g(x)=\frac{a+b}{x}=p+qx^{-\frac{1}{3}},(x>0)。$$

设计意图：建立数学模型的过程中，涉及的参数和变量比较多，为了让学生思路更加清晰，这里也做了适当提示。

（三）模型分析

问题3：利用导数知识分析函数 $f(x)$，$g(x)$ 的单调性，并说明 $f(x)$，$g(x)$ 单调性的实际意义。

师生活动：求出来的函数模型比较简单，学生容易得到函数的单调性，关键是要学生说出单调性的实际意义。

预设答案：由一件产品的总成本与货物量的关系 $f(x)=a+b=px+qx^{\frac{2}{3}}$ 知，这是一个增函数，对于一件产品来说，货物量越多成本越高，符合日常认知。

$f'(x) = p + \dfrac{2}{3}qx^{-\frac{1}{3}} > 0$ 当 $x > 0$ 恒成立。每一件产品单位货物量的成本

$$g(x) = p + qx^{-\frac{1}{3}},$$

这是一个减函数，这是包装量为 x 时单位货物量成本的数学模型，当包装增大时一件产品的单位货物量的成本将下降，与我们在超市中观察到的数据是一致的。

用导数知识对模型进一步分析，对函数

$$g(x) = p + qx^{-\frac{1}{3}},$$

求导，得

$$g'(x) = -\dfrac{q}{3}x^{-\frac{4}{3}} < 0,$$

所以 $g(x)$ 为减函数。$g'(x)$ 表示单位货物量的成本随货物量增加的下降率，而 $|g'(x)| = \left| -\dfrac{q}{3}x^{-\frac{4}{3}} \right| = \dfrac{q}{3}x^{-\frac{4}{3}}$ 也是减函数，因而当包装比较大时单位货物量的成本的下降将越来越慢。由此给我们带来启示：当我们购买货物时并不一定是越大的包装越便宜。

设计意图：利用已有知识对模型进行分析，研究模型的合理性。

（四）模型求解与检验

问题4：由于我们无法了解到商品的实际成本，而商品的价格是容易了解到的，你能根据成本模型建立价格与货物量的数学模型吗？

师生活动：假设利润率固定不变，那么成本模型也可以用价格模型代替。但是商品的销售价格受多种因素影响，因此在模型检验的时候有一些偏差。

预设答案：假设不考虑利润及其他因素对商品价格的影响，无论什么样的包装，商品利润率是固定的。用 y 表示一件产品的价格，则

$$y = (px + qx^{\frac{2}{3}}) \times (1 + \text{利润率}) = mx + nx^{\frac{2}{3}};$$

把（0.3，2.1）和（0.5，3）代入上式，可解得

$$m \approx 0.6127, \quad n \approx 4.2759$$

所以一件产品的价格与货物量的数学模型是

$$y = 0.6127x + 4.2759x^{\frac{2}{3}}。$$

设计意图：根据前面调查到的不同规格的雪碧价格求解模型，并检验模型的符合情况，若差异较大，则需要提出新的假设。

（五）其他建模方法展示

问题5：还有其他建模方法吗？

师生活动：请班上同学展示函数拟合法。

设计意图：利用计算机进行函数拟合是一种重要的建立函数模型的方法，同时进一步巩固函数拟合法的相关知识，根据拟合结果选择合适的函数模型。

七、教学评价与反思

商品包装成本数学建模具有很高的研究价值，此项数学建模不仅能培养学生的数学建模素养，还能培养学生厉行节约的意识。本次建模活动中学生还提出了不同假设的模型，比如有同学提出不同包装规格，包装效率不同的数学模型，这说明同学们在本次建模过程中进行了认真思考，总的说来建模活动比较成功。

案例4　房贷还款问题

一、现实背景与应用价值

近年来，我国房地产业高速发展，房地产价格的持续上涨，大大刺激了我国居民投资房产的热情，我国大部分居民都有过贷款购房的经历，因此购房时贷款额度，贷款年限，还款方式以及何时提前还清贷款最划算，成为大众最为关心的话题之一。本案例对房贷还款问题进行研究，具有较实用的社会价值。

二、内容和内容解析

数学建模是数学学科六大核心素养之一，高一上期学习函数之后，学生对构建函数模型解决实际问题已经有了一定的认识。本课程在学习了等差数列与等比数列相关知识之后，结合生活实际研究房贷中的还款问题。不同的还款方式对购房者的贷款成本和还款压力具有不同的影响。旨在让学生通过建模活动环节，体会如何利用数列的相关知识，根据自身的实际情况做出决策，体验数学在解决实际问题中的价值和作用。

三、目标和目标解析

（一）知识与技能

将实际问题抽象为数列模型。

（二）过程与方法

在复杂的背景中抽取基本的数学关系，通过对具体问题的探究进一步提炼数学模型，经历先由特殊到一般，再由一般到特殊的建模过程，体验数学在解决实际问题中的价值和作用。

（三）情态与价值

培养学生数学的应用意识。

四、教学问题诊断分析

（一）引导学生运用数列知识探究引例1和引例2，并提炼出数学模型，再进行模型的检验和分析。

（二）将实际问题抽象为数学问题，建立模型。

五、教学过程：

（一）问题引入

问题1：买房之前需要考虑哪些因素？

问题2：银行的还款方式有哪些？

设计意图：让学生课前了解与我们生活相关的实际问题，激发学生的学习兴趣。

（二）引例教学，提炼数学模型

引例1 某家庭计划购置一套40万元的商品房，要求购房当天首付40%购房款（即16万元），剩余的24万元需贷款，贷款期限10年（120个月），每月还款2000元，并每月加付贷款利息，月利率为0.4%，购买后次月开始还款，之后每月还款一次。问购买这套商品房实际总价是多少元？

设计意图：让学生提取问题中的关键信息，探究发现还款规律，得出"等额本金"还款模型的计算方法。

提炼出数学模型（等额本金还款法，等差数列问题）：

设贷款总额为M，月利率为r，还款月数为N

每月所还本金为 $\dfrac{M}{N}$

第 n 个月利息：

$c_n = [M - (n-1) \times \dfrac{M}{N}] \times r$ （等差数列）

第 n 个月还本息金额

$a_n = \dfrac{M}{N} + [M - (n-1) \times \dfrac{M}{N}] \times r$ （等差数列）

还款总利息 $S_N = \dfrac{(N+1)\cdot M\cdot r}{2}$ （$\{c_n\}$ 的前 N 项和）

还款总额 $T_N = \dfrac{(N+1)\cdot M\cdot r}{2} + M$ （$\{a_n\}$ 的前 N 项和）

设计意图：由特殊问题的理解与计算，得出一般的模型——等额本金还款模型。

引例 2　某家庭计划购置一套 40 万元的商品房，要求购房当天首付 16 万元，余款 24 万元需贷款，贷款期限 10 年（120 个月），按分期付款的方式偿还贷款，每月等额还款，月利率为 0.4%，购买后次月开始还款，之后每月还款一次，按复利计算该家庭每月实际应还款多少元？购买这套商品房实际总价为多少元？

设计意图：继续让学生提取问题中的关键信息，探究发现还款规律，得出"等额本息"还款模型的计算方法。

提炼出数学模型（等额本息还款法，等比数列问题）：

设贷款总额为 M，月利率为 r，还款月数为 N

第 n 个月还款与到最后一次还款产生的利息之和

$b_n = x(1+r)^{N-n}$ （数列 $\{b_n\}$ 为等比数列）

各月付款连同利息之和为

$G_n = x\dfrac{1-(1+r)^N}{1-(1+r)}$ （数列 $\{b_n\}$ 的前 N 项和）

每月还本付息金额：　$x = \dfrac{Mr(1+r)^N}{(1+r)^N - 1}$

还款总利息：　$Y = \dfrac{MNr(1+r)^N}{(1+r)^N - 1} - M$

还款总额：　$W = \dfrac{MNr(1+r)^N}{(1+r)^N - 1}$

设计意图：由特殊问题的理解与计算，得出一般的模型——等额本息还款模型。

（三）模型检验

李先生打算在某小区买一套 66.54 m² 的商品房，单价 24 798 元/m²，总价 160 万元，需要向银行贷款 60 万元，还款期限为 20 年，他月收入 8 000 元，平均每月生活消费、娱乐、旅游共计 3 500 元，银行提供等额本息和等额本金两种还款方式，请你通过分析为李先生选择较合理的还款方式。

设计意图：应用"等额本金"与"等额本息"还款公式，计算两种不同的还款方式下总利息、月还款金额，然后根据李先生的实际情况，作出合理分析与选择。

（四）模型的分析

根据以上对等额本息和等额本金还款额的比较，你认为李先生该如何选择？

设计意图：学生通过对比分析两种还款方式的总利息、月还款金额等，作出合理的选择。

（五）归纳小结

本节课学习的主要内容、思想方法有哪些？

（六）布置作业

到家或学校周边银行咨询房贷还款业务，了解还贷方式、银行利率、市民平均工资水平等，然后根据不同工资水平制定相应的房贷还款套餐。

设计意图：让学生根据已有知识参与社会实践，学以致用。

六、板书设计

板书设计如图6-7所示。

房贷还款中的利息问题教学设计 （一）等额本金 （二）等额本息	多媒体区域	演算区域

图6-7　板书设计

七、教学评价与反思

本课运用日常生活中观察到的实际例子、具体模型、建立模型、解决实际问题、模拟实验，引导学生探究事物的基本特征和规律，使学生建立清晰而抽象的还贷模型。在教学中突出直观教学，主要采取以下方法：一是演示法，利用实验和现代教育技术手段，将一些难以观测、难以想象的过程模拟式地展现出来，既激发学生兴趣，又形象生动；二是情境法，通过切合实际地创设一些情境，设计恰当的问题，使每个知识点能自然地导入引伸，使学生产生强烈的学习愿望，主动与老师协同学习，再通过理论联系实际，水到渠成地实现意义的建构。

第二节 统计模型教学案例

统计模型是指模型中的变量和参数具有一定的随机性，需要通过统计学方法进行求解，这类模型适用于描述社会、经济和医学领域的问题. 在高中阶段，本节选择了"体重和心率""紧急情况下的刹车距离""投掷实心球的距离问题""茶水最佳饮用时间问题"等案例，介绍了统计模型的建立和求解过程，以及运用统计模型揭示社会现象的方法. 通过几个案例的建模与分析，了解统计模型案例的特征，并为该类数学建模问题提供教学思路.

案例 1 体重与心率

一、现实背景与应用价值

随着社会的进步，我们的生活水平不断提高，高强度的体力与脑力工作让健康成为了社会关注的焦点。心脏是人体中最重要的器官之一，它直接关乎到人的身体健康。人体的肥胖程度会影响血液的黏稠度，从而影响血液循环。过度肥胖会引发心率失常，引发心脏相关疾病。保持正常的体型，避免体重过重或过轻，是身心健康的重要保证，因此研究体重与心率的关系，是非常具有社会价值的。

二、内容和内容解析

数学建模是数学学科六大核心素养之一，之前在函数的应用中已经明确提出提升数学建模素养的要求，学生对构建函数模型解决实际问题已经有了一定的认识。根据《普通高中数学课程标准（2017版）》中建立函数模型解决实际问题的内容，主要是通过研究体重与心率的关系，了解数学建模的一般过程：观察实际情况→发现和提出问题→收集数据→选择函数模型→求解函数模型→检验模型→得出实际问题的解。

这是学生学习初等函数以后的能力拓展课，通过建立数学模型，解决实际问题，体会学习数学的实用性、重要性。在数学建模这一学习过程中，体现了课程标准中"四基"（基础知识、基本技能、基本思想、基本活动经验）和"四能"（发现问题的能力、提出问题的能力、分析问题的能力、解决问题的能力）。

通过实验收集数据，使学生在获得基本活动经验，通过数据分析、选择函数模型、计算函数模型的过程，发展学生的数据分析、逻辑推理、数学建模的核心素养，激发学生学习数学的兴趣，培养学生的创新能力和自主学习能力。

三、目标和目标解析

①通过对实际问题的分析形成以"数学的观点看待和思考问题"的思维方式。

②通过完整的建模流程掌握数学建模的一般方法。

③知道常见的数据收集手段和数据处理方法。

④经过函数模型的拟合，掌握初等函数的图像及特征。

⑤了解数学模型具有揭示客观事物规律的作用，并能对问题进行预判。

⑥经过小组活动、探索、实验，培养学数学、用数学的乐趣；增进协作能力；提高解决问题的能力及克服困难的决心。

教学重点：将实际问题转化为数学问题，数据的收集与函数模型的选择和建立。

教学难点：数据的收集，函数模型的选择。

四、教学问题诊断分析

①学生已经掌握"用数学的观点看待问题"即能从问题中抽象出量与量的关系，能明确需要的数据。

②熟练掌握了建立函数模型解决实际问题的一般流程。

③通过汇报讨论得到了比较优化的收集数据方法，并能通过分段、摒弃异常数据等方式对数据进行分析整理；突破了利用软件拟合函数的难点。

④整个过程中小组相互协作，不断的发现困难解决困难，明白协作的重要性，有克服困难的决心也体会到克服困难后的喜悦。

⑤学生掌握了一次、二次、反比例、指数、对数等初等函数，知道这些函数都是刻画实际问题的常见模型。但没有自主的收集数据建立模型的尝试。能通过实验收集数据，能对数据进行运算，掌握常见函数的常见性质特征。

五、教学支持条件分析

引导学生小组协作分工，通过互联网搜索官方网站发布的权威数据。利用相关软件对数据进行简单处理。

六、教学过程设计

（一）情境引入

组织学生观看不同动物的心率差异的视频，提出思考问题。

问题一：影响动物心率快慢的因素有哪些？见表6-4所列。

表6-4　一些动物的体重和心率

动物名	体重/克	心率/(心跳次数/分钟)
鼠	25	670
大鼠	200	420
豚鼠	300	300
兔	2 000	205
小狗	5 000	120
大狗	30 000	85
羊	50 000	70
马	450 000	38

（二）提出问题

问题二：根据收集的数据，你认为心率与体重有怎样的变化规律？如何进行定量分析？

（三）分析问题

问题三：数学建模的基本过程是什么？（如图6-9所示。）

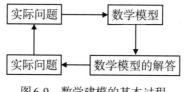

图6-9　数学建模的基本过程

（四）模型建立

问题四：请结合数据，画出散点图，如图6-10所示。你能确定是什么函数模型吗？

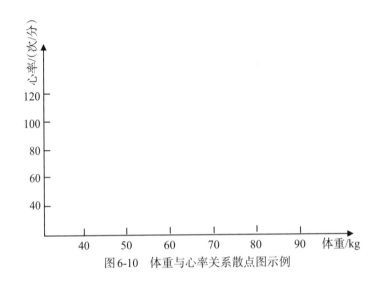

图6-10　体重与心率关系散点图示例

问题五：结合所学知识，请思考为什么心率与体重有联系。（如图6-11所示。）

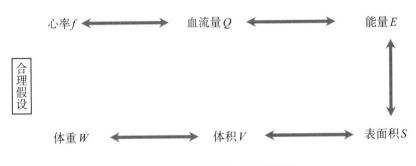

图6-11　心率与体重联系假设

问题六：请结合以上分析，探究心率 f 与体重 w 函数模型。

具体函数模型略。

（五）模型求解

问题七：如何求出该函数模型的参数值？

求解过程略。

（六）模型验证

把不同的w值分别带入函数模型，求出 f 的值进行验证。

（七）方法改进

问题八：该函数模型可如何改进呢？

过程略。

问题九：改进后的模型可如何优点呢？

过程略。

（八）模型评价及推广

问题十：该模型的优点和缺点分别是什么呢？

过程略。

（九）课堂小结

过程略。

七、板书设计

板书设计如图 6-12 所示。

数学建模 建立函数模型解决实际问题 问题一 问题二	多媒体区域	建模的过程

图 6-12 板书设计

八、教学评价与反思

本节课教师通过数学建模活动引导学生从实际情境中发现问题，并归纳出数学模型，把生活问题数学化，同时开阔了学生视野，体会了数学的科学价值、应用价值、人文价值，即数学问题生活化。本节教学中，既有教师的讲授和引导，更多是学生的自主探索与合作交流，整节课教师都通过活动创设，让学生积极参与，给学生适当的拓展、延伸的空间与时间，激发学生对数学建模的兴趣，养成良好的研究、学习习惯。

案例2 紧急情况下的刹车距离

一、现实背景与应用价值

司机在驾驶过程中遇到突发事件会紧急刹车，从司机决定刹车到汽车完全停止的行驶距离称为刹车距离。车速越快，刹车距离越长。描述刹车距离的因素有两个：反应距离和制动距离。本文从司机反应时间和车速入手研究刹车距离，得出距离的函数模型，提出驾驶建议。对于影响刹车距离的其他因素如路面类型和状况，天气情况，驾驶员操作技巧和身体状况都视为常数。

二、内容和内容解析

（一）内容

紧急情况下的刹车距离的数学模型分析，模型建立与检验。

（二）内容解析

数学建模是六大数学学科核心素养之一，是对现实问题进行数学抽象，用数学语言表达问题，用过数学方法构建模型解决问题的素养。课标中将数学建模活动单独列为一个主题，并在附录中给出了紧急刹车情况下的刹车距离问题，对该问题进行了详细的说明。本节课从实际生活情境出发提出问题，通过分析确定影响刹车距离的主要因素，对实验测得的数据进行分析和处理，得到数学模型，再通过数据和现实现象去检验模型，优化模型，最终应用模型解决情境中的问题。

三、目标与目标解析

（一）目标

（1）通过研究紧急刹车情况下的停车距离问题，让学生体验数学建模的全过程；

（2）通过问题探究过程，培养学生细心观察、认真分析等良好思维品质，通过组织学生小组合作，培养学生协作探究的能力；

（3）通过利用数学模型解释生活现象，培养学生遵守交规，珍惜生命的意识，渗透正面价值观。

（二）目标解析

达成上述目标的标志是：

（1）积极、专注地投身于数学课堂的思考与交流；

（2）小组成员间能够互帮互助，取长补短，共同协作解决问题；

（3）在最后的代表交警给出建议时，能够给出合理且有用的建议。

四、教学问题诊断分析

学生在初中就已经对函数，特别是二次函数有了初步的认识，在高中也学习了函数的概念和性质，有了函数研究的基础。学生可以从数学应用问题中提取数量关系，利用数学知识解决数学问题，但是在给定的情境下，确定研究问题，分析问题，进行实验，抽象出数学模型，学生还不具备这样的经历。本节课对学生的问题分析和数据分析能力有一定要求，通过问题驱动设计以及小组学习方式，攻克本节课的难点。本节课重在研究紧急刹车情况下的停车距离，体验数学建模的全过程，学生可能在构建刹车前速度与停车距离之间的函数模型并迭代优化等环节出现问题，教师教学时可适当进行引导和启发。

五、教学支持条件分析

在提出模型假设和分析过程中，需要学生具备经典力学的基础知识。在对数据进行处理的环节，需要有常用计算机软件的支持，比如Excel，Geogebra等。

六、教学过程设计

（一）情境引入，引出问题

教师活动：教师播放两则短视频：高速路上连续追尾和近些年我国因为交通事故而伤亡的数据汇总，指出研究停车距离问题意义重大。

给出课前的问题探究单：

问题1：①你明白图片中的标志牌的含义吗？其目的是什么？（如图6-13所示。）

图6-13 高速路距离确认标志牌

②我国道路交通安全法实施条例第八十条规定："机动车在高速公路上行驶，车速超过每小时100公里时，应当与同车道前车保持100米以上的距离"，这样规定的依据是什么呢？请利用数据说明规定是否合理？

今天这节课我们要研究的就是紧急刹车情况下的停车距离问题。

学生活动：学生观看视频，结合自身生活经历，独立思考，识别道路交通标志，思考相关法规的意义。

设计意图：通过现实生活情境，引发学生探索热情和学习兴趣，从而引发对本节课研究问题的思考。

（二）情境分析，简化假设

教师活动：向学生提出以下问题。

（1）影响停车距离的因素有哪些？

（2）若主要考虑刹车前速度，忽略其他因素，可以作出哪些合理的简化假设？

学生活动：学生独立发言，其他人补充，从车、人，以及天气、路况等客观因素分析影响停车距离的因素，并进行合理化假设。

设计意图：联系实际，设计开放性问题，引导学生分析影响因素，简化情境，便于利用数学方法解决问题。

（三）建立函数模型并求解

师生活动：教师提出问题：利用所学的物理知识和表格数据，思考停车距离和刹车前速度之间的关系，请学生展示自己的分析，如图6-14和图6-15所示。

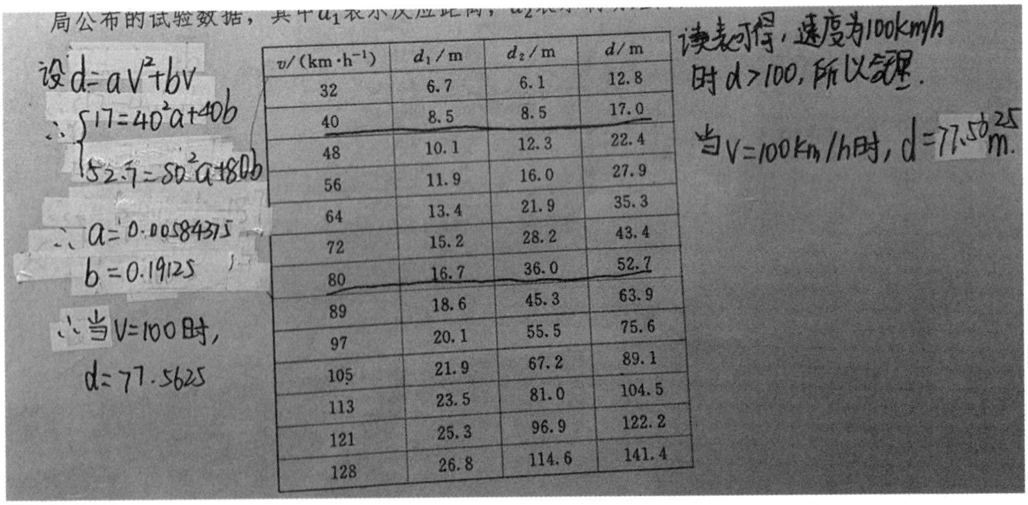

$v/(\text{km}\cdot\text{h}^{-1})$	d_1/m	d_2/m	d/m
32	6.7	6.1	12.8
40	8.5	8.5	17.0
48	10.1	12.3	22.4
56	11.9	16.0	27.9
64	13.4	21.9	35.3
72	15.2	28.2	43.4
80	16.7	36.0	52.7
89	18.6	45.3	63.9
97	20.1	55.5	75.6
105	21.9	67.2	89.1
113	23.5	81.0	104.5
121	25.3	96.9	122.2
128	26.8	114.6	141.4

图6-14　学生1的分析

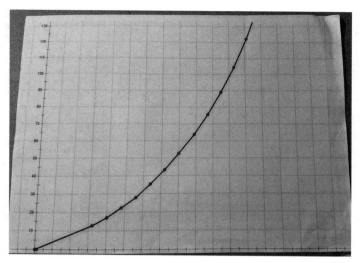

图6-15 学生2的分析

教师引导学生按照两个方向进行分析：一是利用模型简化后纯物理分析的方式，得出 $d = d_1 + d_2 = av + bv^2$ 的模型；二是按照将点描到坐标平面，利用函数拟合的方式得到函数模型，并初步分析两种模型的合理和不合理之处。

学生通过展示讲解等方式，结合数学与物理相关知识，利用Geogebra、Excel等软件进行模型求解。

设计意图：通过给定数据，引导学生进行数据分析和预测。学生综合运用多学科知识，有一定的挑战性。在这个过程中，学生学习到了利用软件解决问题，培养了实践操作的能力，也培养了学生数学抽象、数学想象等关键能力。

让学生经历数学建模关键的迭代环节，不断优化模型，完善模型，培养学生的科学研究素养。

（四）检验并评估模型，对模型进行迭代

引导语：我们用不同的思路对该问题进行了不同的建模，那么哪一种方式更加合理呢？也就是说，我们如何对我们的模型进行检验和评估，如果觉得不好，应该要反思问题出在什么地方以及如何进行调整，图6-16给出了一位同学的展示。

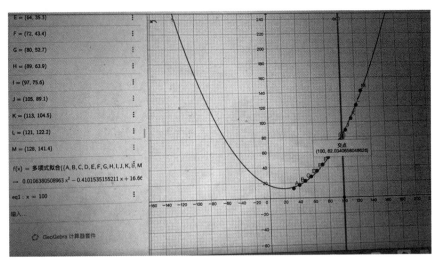

图6-16 同学3的展示

师生活动：请学生3讲解自己的思路，并指出模型的优劣，全班同学共同迭代模型，指出可以优化的地方，比如对模型一中的系数进行拟合，而不是直接取平均值，或者将拟合进行分段处理，高速作为一段，重点考查高速的情况，忽略低速的情况等。

问题4：实际数据与上述模型结果存在误差吗？你认为原因是什么？

设计意图：

让学生观察并独立思考，发挥自己的主观能动性，将模型进行优化以便能更好地贴近实际，服务于现实。

（五）实际运用

师生活动：

问题5：结合我们的模型，说明交通法规中出现的"保持100米以上的距离"的依据是什么？

通过我们建立的模型，可以发现，车速每小时100公里时，模型给出的停车距离是81米左右，实际生活中多预留一段距离，能够有一定的容错空间，叠加上天气，司机等因素，100米以上的间距是科学的。

学生组织语言回答现实问题。

设计意图：

培养学生的数学表达能力，将数学问题的解翻译为现实问题的解释，体会数学运用于实际的价值。

（六）归纳总结，发挥德育价值

教师引导学生思考：

问题6：今天，我们利用数学知识解决实际问题，你能归纳一下数学建模的大致步骤吗？

问题7：根据数学模型的结果，站在交通法规制定者的角度，就行车安全提出你的建议。

师生共同梳理数学建模的主要步骤，针对行车安全问题提出自己的建议。

设计意图：

提升对问题的研究方法的认识，提升建模的能力。从交通法规制定者的角度，为行车安全提出建议，发挥建模课堂的德育价值。

七、目标检测设计

①将停车距离建模全过程整理成论文形式；

②选择生活中的实际问题进行数学建模实践研究。

八、教学评价与反思

本课属于实践与综合运用领域，帮助学生综合运用已有的知识和经验，经过自主探索与合作交流，解决与生活经验密切联系的、具有一定挑战性的简单的数学建模问题，以发展学生解决实际问题的能力。课堂上，让学生经历观察、操作、实验等实践活动，在合作与交流的过程中，获得良好的情感体验。同时，获得一些初步的数学实践活动经验，感受数学在生活中的应用，培养学生有序思考问题的方法。

案例3　投掷实心球距离问题

一、现实背景与应用价值

众所周知，田径运动成绩决定于器械出手速度、出手角度、出手高度、自然条件等。在平时的体育课上，同学们往往认为抛实心球的出手速度最重要，而忽略了出手的角度和高度。结果可想而知，很多同学的成绩不是很理想。在询问体育老师最佳出手角度后，得到"30度为最佳"的说法。很多同学提出质疑，并提出自己的观点。于是，本节课就该问题开始探究。在得出结论后，应用于实际活动中，可以改善技术提高体育成绩。对忙于学业的同学们来说很有意义。

二、内容和内容解析

（一）内容

建立"投掷实心球距离"模型解决实际问题。

（二）内容解析

数学建模是数学学科六大核心素养之一，之前在函数的应用中已经明确提出提升数学建模素养的要求，学生对构建函数模型解决实际问题已经有了一定的认识。本节课出现在函数模型之后，旨在让学生通过建模活动环节的推进了解建模的方法和一般流程，了解数据的收集、数据的分析，如何选取恰当的数学模型，如何对数学模型进行评价。体会数学的实际应用，也为后面统计的学习打好基础。

三、目标和目标解析

（一）目标

（1）进一步熟悉建立函数模型解决实际问题的一般流程；
（2）以拟合函数模型的多样性掌握初等函数的图像及特征；
（3）能用函数模型解决实际问题；
（4）体会建模的意义，增进数学学习兴趣。

（二）目标解析

在数学活动中，通过对实际问题的分析培养学生形成以"数学的观点看待和思考问题"的思维方式；通过完整的建模流程掌握数学建模的一般方法；知道常见的数据收集手段和数据处理方法；经过函数模型的拟合，掌握初等函数的图像及特征；了解数学模型具有揭示客观事物规律的作用，并能对问题进行预判；经过小组活动、探索、实验，体验学数学、用数学的乐趣；增进协作能力，提高解决问题的能力及克服困难的决心。

四、教学问题诊断分析

学生在前面学习了函数的基本性质与指数函数、对数函数、幂函数，并在建立函数模型的建模活动中学习了相关建模知识与方法，在基本了解抛物线变化规律的前提下，可以对数据进行基本分析处理，但是对模型中的参数求解，需要较高的计算能力，这些需要在摸索中去学习，从而提高认识，体会知识的应用。

五、教学支持条件分析

为了更好地帮助学生建立"投掷实心球距离"模型，在课前将组织学生进行实地投掷实心球实验，充分记录投掷数据，包括投掷条件和投掷结果。在摄像器材的帮助下，完整记录了投掷过程，为最终建模成功打下基础。

六、教学过程设计

（一）情境引入

建设现代化教育强国是我国现在发展的重要目标，在全面发展素质教育的背景下，坚持"五育"并举是核心要求。在"五育"中，体育是保障同学们身体健康的重要一环。在中考体考中，投掷实心球也是一项颇有难度的考试科目，所以请观察图6-17所示动作并思考：如何将实心球投掷得更远呢？

问题1：投掷实心球的距离受到哪些因素影响？

图6-17　投掷实心球示意图

（二）发现和提出问题

问题2：对于体考的学生而言，哪些是可控因素？

问题3：是否力量越大，投掷的距离越远？

问题4：实心球飞行的轨迹是什么样的？

问题5：请猜想，什么样的出手角度会在力量相同的前提下使投掷距离更远？

（三）模型假设

在本堂研究课中，主要研究投掷角度对投掷距离的影响。请思考：

问题6：面对除"投掷角度"外的影响因素，该如何处理？

问题7：在处理其他变量的过程中，做了哪些合理假设？

（四）建立模型

问题8：需要测量哪些数据？

问题9：通过观察视频和同学测出的数据（见表6-5所列），请思考如何在有限的条件下测量初速度 V 和投掷角度 θ。（请小组讨论）

表6-5　实心球投掷数据表

	出手高度/m	投掷角度	初速度/(m/s)	投掷距离/m
男A	1.98	12°	12.8	6.15
男A	1.98	19°	6.2	3.25
男A	1.99	25°	10	8.58
男A	2.00	40°	10	9.75
男A	2.02	45°	10	9.05
男A	2.03	48°	9.8	8.51
女A	1.85	8°	10.6	5.9
女A	1.85	19°	7	6.4
女A	1.86	37°	6.8	7.7
女A	1.85	40°	7	8.2
女A	1.87	44°	12.4	6.4
女A	1.88	50°	6.8	4.7

（五）模型求解

（1）通过出手点 $(0,h)$ 和速度 v（包括大小和方向）计算顶点 (i,j)；

（2）通过 $(0,h)$、顶点 (i,j) 求解抛物线方程：$y=\hat{a}x^2+\hat{b}x+\hat{c}$；

（3）解抛物线方程：$\hat{a}x^2+\hat{b}x+\hat{c}=0$ 的正根 x_0；

（4）x_0 就是投掷距离的估计值 $\hat{S}$。

（六）评估与检验

问题10：为什么会存在误差？

问题11：如何判断模型效果？

（七）课堂小结

本堂课中，从观察投掷实心球的距离出发，引导学生发现影响投掷实心球距离的因素，从而以此建立客观因素对投掷距离影响的相关模型；组织学生课前做好数据收集，在对数据进行处理和清洗之后，求解建立的数学模型，以此来对生活中的问题进行回答。通过课堂小结，强化学生对数学建模的认识，希望学生能够将数学建模解决实际问题的思想带入生活中。

七、教学评价与反思

数学建模是一门实践性较强的学科，我们要给学生提供实践的机会，让学生亲自动手解决实际问题。投掷实心球是学生经常会做的运动，通过数学建模研究投掷的角度、高度，从而达到最大的投掷距离。此外，学生可以在体育课上及时地验证研究成果，让学生体会数学与生活的关系。在建模过程中，我们发现学生的数学基础薄弱，对实际问题的调研不够，创新能力较弱，因此在课前让学生复习相关数学知识，提前练习投掷实心球，积累数学知识与实践经验。

案例4 茶水最佳饮用时间问题

一、现实背景与应用价值

"数学建模活动——茶水最佳饮用时间"是人教A版《普通高中教科书数学（必修）》第一册"建立函数模型解决实际问题"的内容。在高中阶段，学生将经历从数学知识的直接应用渗透到自主完成数学建模活动的过程。本节课是在学生学习了指数函数、对数函数和幂函数的基础上，通过建立函数模型解决实际问题，师生共同完成选题、开题、做题、结题全过程。通过本节课的学习，使学生进一步加深对函数模型的理解与认识，熟悉数学建模活动的一般流程，为后续研究其他函数模型的应用及自主完成数学建模活动全过程提供数学思想和方法指导。

通过数学建模活动的开展，学生能有意识地用数学语言表达世界、发现问题、提出问题，感悟数学与现实世界之间的联系；学会用数学模型解决实际问题，积累数学实践经验，认识数学模型在现实生活中的作用，提升实践能力、增强创新意识。

二、内容和内容解析

数学建模是数学学科六大核心素养之一，之前在函数的应用中已经明确提出提升数学建模素养的要求，学生对构建函数模型解决实际问题已经有了一定的认识。主要是通过研究茶水的最佳饮用时间，了解数学建模的一般过程：观察实际情况→发现和提出问题→收集数据→选择函数模型→求解函数模型→检验模型→得出实际问题的解。

这是学生学习基本初等函数以后的能力拓展课，通过建立数学模型，解决实际问题，体会学习数学的实用性、重要性。在数学建模这一学习过程中，体现了课程标准中"四基"（基础知识、基本技能、基本思想、基本活动经验）和"四能"（发现问题能力、提出问题能力、分析问题能力、解决问题能力）。

通过实验收集数据，使学生获得基本活动经验，通过数据分析、选择函数模型、计算函数模型的过程发展学生的数据分析、逻辑推理、数学建模的核心素养，激发学生学习数学的兴趣，培养学生的创新能力和自主学习能力。

三、目标和目标解析

（1）通过对实际问题的分析形成以"数学的观点看待和思考问题"的思维方式。

（2）通过完整的建模流程掌握数学建模的一般方法。

（3）知道常见的数据收集手段和数据处理方法。

（4）经过函数模型的拟合，掌握初等函数的图像及特征。

（5）了解数学模型具有揭示客观事物规律的作用，并能对问题进行预判。

（6）经过小组活动、探索、实验，体会学数学、用数学的乐趣；增进协作能力；提高解决问题的能力及克服困难的决心。

教学重点：将实际问题转化为数学问题，数据的收集与函数模型的选择和建立。

教学难点：数据的收集，函数模型的选择。

四、教学问题诊断分析

（1）学生已经掌握"用数学的观点看待问题"，即能从问题中抽象出量与量的关系，能明确需要的数据；

（2）熟练掌握了建立函数模型解决实际问题的一般流程；

（3）通过汇报讨论得到了比较优化的收集数据方法，并能通过分段、摒弃异常数据等方式对数据进行分析整理；突破了利用软件拟合函数的难点；

（4）整个过程中小组相互协作，不断的发现困难解决困难，明白协作的重要性，有克服困难的决心也体会到克服困难后的喜悦。

（5）学生掌握了一次函数，二次函数，反比例函数，指数函数，对数函数等初等函数，知道这些函数都是刻画实际问题的常见模型。但没有自主的收集数据建立模型的尝试。能通过实验收集数据，能对数据进行运算，掌握常见函数的常见性质特征。

五、教学支持条件分析

在对模型的假设和分析过程中，数据的获取进行实验。在对数据进行处理的环节，需要有常用计算机软件的支持，比如Excel，Geogebra等。

六、教学过程设计

（一）课前实验

实际背景：中国茶文化博大精深。茶水的口感与茶叶类型和水的温度有关。经验表明，某种绿茶用85 ℃的水泡制，再等到茶水温度降至60 ℃时饮用，可以产生最佳口感。那么在25 ℃室温下，刚泡好的茶水大约需要放置多长时间才能达到最佳饮用口感？

教师组织6位同学，分为两组，利用温度计，秒表，烧水器，烧杯，铁架台，测试茶水温度的变化情况，并做好记录，得出表6-6和表6-7所列的数据。

表6-6　150毫升茶水水温变化

时间/min	温度/℃	室温/℃
0	67.3	37.3
1	66	36
2	64.8	34.8
3	64	34
4	63.2	33.2
5	62	32
6	61.3	31.3
7	60	30

表6-7　200毫升水温变化

时间/min	温度/℃	室温/℃	变化温度/℃
0	80	50	
1	77.6	47.6	2.4
2	76.5	46.5	1.1
3	73.5	43.5	3
4	71.5	41.5	2
5	69.6	39.6	1.9
6	68	38	1.6
7	66.5	36.5	1.5
8	65.2	35.2	1.3
9	63.5	33.5	1.7
10	62.5	32.5	1
11	61.1	31.1	1.4
12	60	30	1.1

（二）课堂探究

中国茶叶闻名世界，饮茶是中国著名的文化传统。

某种绿茶用80 ℃热水泡制，茶水温度降至60 ℃时饮用，可以产生最佳口感。

设计意图：引导学生交流茶文化，发扬中国的文化传统。

教师活动：问题1，那么刚泡好的上述绿茶放置多长时间饮用口感最佳？影响因素有哪些呢？

学生活动：容器、风、室温……

学生活动：学生观看视频，结合自身生活经历，独立思考，设计实验流程。

设计意图：通过现实生活情境，引发学生探索热情和学习兴趣，从而引发对今天研究问题的思考。

教师活动：问题2，收集数据的实验设备及分工

活动器材：烧杯，温度计，铁架台，茶叶，烧水器，秒表，笔，纸

实验同学：分工合作（3人一组）；

学生A：操作实验设备，读数；

学生B：记录所测实验数据；

学生C：计时；

实验同学：分析150 mL组的数据？150 mL第一次茶叶偏多，水偏少，初始温度不到80 ℃。150 mL与210 mL及195 mL水量相比，温度下降更快。

教师活动：问题3，根据你收集的数据，你认为茶水温度有着怎样的变化规律？（室温30 ℃）

学生活动：观察表6-8中数据变化，分析特征。

表6-8　室温30 ℃时水温变化

时间/min	温度/℃
0	80
1	77.5
2	75
3	73
4	70.9
5	69
6	67.1
7	65.6
8	64.1
9	62.7
10	61.2
11	60

设计意图：培养学生数据分析能力。

教师活动：问题4，你认为茶水温度和时间之间存在何种形式的函数关系？引导学生得出如下函数。

$$y = ka^x + b, (0 < a < 1)$$

教师：利用GGB作图。

学生活动：观察图像，思考函数模型。

设计意图：培养学生数据分析能力。

教师活动：问题5，你能根据实验数据，计算出你选择函数模型中的各个参数的值吗？谈谈你的算法。

学生活动：用待定系数法计算： $y = 50 \times 0.9547^x + 30$ ，并绘制出其图像，如图6-18所示。

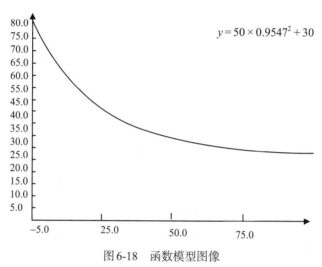

图6-18 函数模型图像

教师活动：问题6，你能检验你所求的函数是否合理？谈谈你的检验方法。

学生活动：通过误差分析，检验函数的合理性，见表6-9所列。

表6-9 函数检验数据表

时间/min	温度/℃	算的结果/℃	误差/℃
0	80	80	0
1	77.5	77.7	0.2
2	75	75.5	0.5
3	73	73.5	0.5
4	70.9	71.51	0.61
5	69	69.6	0.6
6	67.1	67.8	0.7
7	65.6	66.1	0.5
8	64.1	64.5	0.4
9	62.7	62.9	0.2
10	61.2	61.4	0.2
11	60	60.02	0.02

教师活动：问题7，你认为茶水温度和时间之间的函数关系唯一吗？

学生活动：小组讨论，结合计算机，模拟其他函数，结合数据分析合理性。比如

函数 $y = \dfrac{27.74}{1 - 0.65e^{50.02x}}$，计算出对应的数据，见表6-10所列。

表6-10　其他函数拟合数据表

时间/min	温度/℃	指数型结果/℃	指数误差/℃	电脑拟合/℃	误差2/℃
0	80	80	0	79.26	−0.74
1	77.5	77.7	0.2	76.45	−1.25
2	75	75.5	0.5	73.88	−1.62
3	73	73.5	0.5	71.52	−1.98
4	70.9	71.51	0.61	69.35	−2.16
5	69	69.6	0.6	67.35	−2.25
6	67.1	67.8	0.7	65.5	−2.3
7	65.6	66.1	0.5	63.78	−2.32
8	64.1	64.5	0.4	62.18	−2.32
9	62.7	62.9	0.2	60.69	−2.21
10	61.2	61.4	0.2	59.3	−2.1
11	60	60.02	0.02	57.99	−2.03

教师活动：问题8，回顾总结数学建模过程。

学生活动：总结回顾，完成流程图。

设计意图：锻炼学生总结反思的能力，将数学建模的流程呈现出来。

教师活动：问题9，生活中还有哪些问题可以进行数学建模？试一试。

（1）应在炒菜之前多长时间将冰箱里的肉拿出来解冻？

（2）根据某一同学的身高和体重，判断该同学是否超重。

（3）用燃气烧一壶开水，找到最省气的方法。

（4）估计一本书的阅读时间。

（5）房子装修后室内环境甲醛含量的问题。

（6）喝酒后多长时间可以开车的问题。

（7）夏天室内空调应提前多少时间开机问题。

设计意图：拓展性学习，开拓学生的视野，提升实践能力。

通过以上问题串的形式引导学生思考，让学生认识到数学是有用的并且非常有趣的，增强学生对数学的兴趣，培养学生的数学建模核心素养。

七、目标检测设计

（1）将茶水最佳饮用问题建模全过程整理成论文形式；

（2）选择生活中的实际问题进行数学建模实践研究。

八、板书设计

数学建模 建立函数模型解决实际问题 问题一： 问题二：	多媒体区域	建模的过程

图6-19 板书设计

九、教学评价与反思

本节课在"互联网+"的教学条件下，通过"茶水最佳饮用时间"的问题背景，呈现了师生共同完成数学建模活动选题、开题、做题、结题的全过程。在信息技术支持下，学生通过实践操作、任务探究建立函数模型解决实际问题，感知数学建模的一般方法和数学思想，提升了应用意识和创新能力，促进了数学学科核心素养的形成和发展。课堂上，在数据处理过程中，因为时间有限，没有让学生自主计算函数模型，未完成数据处理的教学目标，只能让学生形象地看到结果，而没有计算过程，学生处理数据的能力没有得到提高。以后在处理这类课题时，还是要留出足够的时间。

第七章
学生成果展现

第一节　学生在建模课程后如何展现成果

在高中生经历数学建模课程之后，作为高中教师希望对课程教学效果进行一定程度的考察，通常会以较为开放的方式进行考核，从而检验教学成果。除了实践报告以外，高中教师更可以指导学生写出出色的学术论文进而发表。任何一个学生在高中或者大学里，都会碰到写作文或者论文的任务。写论文的过程不仅能够让学生增长自己的知识，提高自己的写作能力，更能够让学生经历和感受学术思考和理性分析的过程。作为高中教师，辅导学生创作出出色的学术论文也是一项具有挑战性的任务。如何帮助学生写出一篇出色的论文也是本项目中研究和思考的一个重要问题。

一、确定主题

确定论文的主题，直接决定了文章的范围和深度，因此在开始写作前需要仔细思考和规划，确保论文的目标和主旨清晰明确，同时还要在文献和实证数据中获取足够的支持。作为建模课题后的论文，就需要在论文中将建模的思路和建模的结论完整地阐述清楚，以此来清楚地展现建模实验的成果。

二、写作培训

帮助学生了解如何写一篇学术论文非常重要。教师可以提供指导材料、讲授学术写作技巧。教师可以向学生推荐一些论文写作指南的书籍，让学生可以更专业、系统地学习学术论文写作的具体技巧和方法。学术论文写作需要遵循很多规则和方法，如文献引用、文献综述、图表、公式的处理等。在此基础上需要学习和练习，才能更好地提高论文的质量，并让其更符合学术规范。同时还可以开设写作课程，邀请英语或语文老师进行讲解。他们在辅导中讲解文献引用，结构设计、学术写作风格等技巧，让孩子更有信心展现自己的写作才华。

三、组织思路

在做好写作准备之后，教师要引导学生，将一个大的论文题目分解成容易理解和实施的组成部分，达到庖丁解牛的效果，来提升学生的思考和组织能力。比如，题目是"投掷实心球问题"，就要思考各种影响因素，并控制变量进行实验；如果题目是"商品不同包装规格成本"，就要思考包装的方式、包装的设计等问题。

四、提供结构支持

教师可以为学生提供论文结构的思路支持，这样可以让写作更有效率、更有条理。大多数学术论文都需要有明确的结构组成，以使读者能够更好地理解论文内容。例如，先写出摘要、介绍、文献综述、方法、结果、讨论以及结论等部分。

整合多个维度，教师可以帮助学生在建模课程之后引导学生对建模成果进行整理和发表。学生将建模成果书面化可以更好地对建模成果进行总结，在论文发表之后也可以录入学生综合素质评价系统，丰富学生履历。

第二节　学生课题报告实例

学生教学建模课题报告实例见表7-1和表7-2所列。

表7-1　学生教学建模报告1

1. 课题名称	流行感冒中的教学问题
2. 课题成员及分工	翟××：收集数据；蔡××：数据筛选； 钟××：数据收集；赖××：汇报展示
3. 选题的意义 　　春季正值各病毒感染高峰，为研究流行感冒病毒感染人数增长方式，小组可自主搜集某地区（医院）连续一周确诊人数，以及采取接种疫苗或隔离等措施干预后，增长趋势的变化情况。以此数据建立教学模型，并以此模型估计今后该地区发生相同流感病毒传播时，不人为干预情况下，经过多长时间感染人数突破千分之一（两万人）。结合数据分析，给防疫部门一些建议，以数据说明合理性。	
4. 研究计划（包括对选题的分析，解决问题的思路等） ①如果不人为干预下流感的发展预测 ②并与干扰下的进行对比 ③分析当下如何改进防疫措施 ④将不同地区前中期进行对比，结合实际情况进行分析	
5. 研究过程： （1）研究步骤 ①数据：Github 上开源的 Python 工具来搜索各部门的数据 ②筛选：选择与本研究相关的数据制表，导入 Finebi 后做成函数图像 ③建模：根据函数图像推测大概函数表达式，结合流行病公式来完成预测函数 利用趋势线向后推 10 个周期 ④可视化：导入 FineBi 以获取后续图像，导入 Plague. Inc 来制作动画 （无人为干预、有干预情况如图 7-1、图 7-2 所示。） 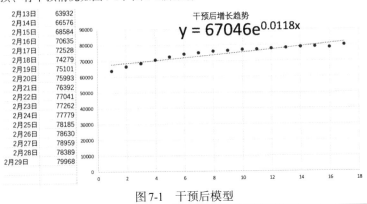 图 7-1　干预后模型	

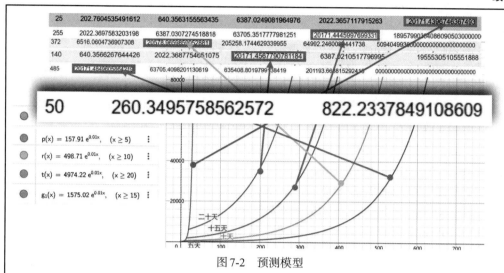

25	202.7604535491612	640.3563155563435	6387.0249081964976	2022.3657117915263	20171.4396746636749
255	2022.3697583203198	6387.0307274518818	63705.3517777981251	20171.4445997699331	189579903040860905030000000
372	6516.0604736907308	20578.0859850052881	205258.1744629339955	64992.2460864441738	50940499300000000000000000
140	640.3566267644426	2022.36877546651075	20171.4567790781184	6387.0210517796995	19555305105551888
485	20171.4849805662219	63705.4098201130619	635408.8019799138419	201193.6668815294218	000000000000000000

p(x) = 157.91 e^{0.01x}, (x ≥ 5)

$p(x) = 157.91\,e^{0.01x}, \quad (x \ge 5)$

$r(x) = 498.71\,e^{0.01x}, \quad (x \ge 10)$

$t(x) = 4974.22\,e^{0.01x}, \quad (x \ge 20)$

$g_1(x) = 1575.02\,e^{0.01x}, \quad (x \ge 15)$

图 7-2　预测模型

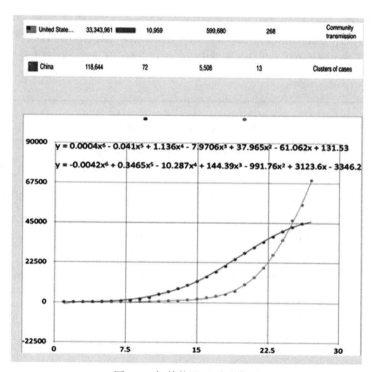

$$y = 0.0004x^6 - 0.041x^5 + 1.136x^4 - 7.9706x^3 + 37.965x^2 - 61.062x + 131.53$$

$$y = -0.0042x^6 + 0.3465x^5 - 10.287x^4 + 144.39x^3 - 991.76x^2 + 3123.6x - 3346.2$$

图 7-3　与其他地区对比模型

（2）研究困难

①预测未来病情走势困难的主要原因：

例如，我们不能正确地检测出所有感染患者：约17%的病患不会表现出明显症状，但是依旧可以传染病毒给他人

②数据有重复性。例如医院数据和社区数据，流感患者未做检测，数据获取不完全

续表

6. 研究结果
①感染流感病毒人数预测趋势线在前期几乎一直与实际相近
②函数是不变的，但现实是在突破五万人后，感染人数陡增，开始与预测函数出现偏差，结合实际猜测是由于流感传播引起各方重视，检测和控制措施增加
③在陡增后实际线逐渐平缓，由此可见有效的防控措施和积极的治疗能取得较好的防控效果

7. 收获与体会
在前期，我们可以从图像看出感染人数并不多，且增长缓慢；但是一旦过了某一个点，便开始爆发式增长，根本无法控制。因此，应该在流感病毒传播初期就重视，从开始来预测未来的趋势，及时采取措施，如将普通人群与病毒携带者隔离开来
第一次小组合作完成一个完整的建模流程，感觉自己学到的知识有了具体的应用，并且是很重要的应用，这将是我们学习数学很大的动力

8. 对此研究的评价
本研究由学生自主选取问题，自主收集数据、分析数据，全程自主参与数学建模的过程，学生较好地体会了整个建模流程，提高了数学应用意识。小组亲密合作，体现了良好的协作意识，成果展示优异。

表 7-2　学生教学建模报告 2

1. 课题名称	流感中的数学问题
2. 课题成员及分工	陈××——查询、整理数据，计算、构建函数模型，研究报告整改，统筹 胡××——查询数据，计算函数模型 黄××——构建函数模型，整理数据 陈××——查询数据，抽象函数模型 伍××——查询数据，编写研究报告 夏××——编写研究报告 龚××——编写研究报告 李××——编写研究报告

3. 选题的意义
春季正值各病毒感染高峰，为研究流行感冒病毒感染人数增长方式，小组可自主搜集某地区（医院）连续一周确诊人数，以及采取接种疫苗或隔离等措施干预后，增长趋势的变化情况。以此数据建立教学模型，并以此模型估计今后该地区发生相同流感病毒传播时，不人为干预情况下，经过多长时间感染人数突破千分之一（两万人）。结合数据分析，给防疫部门一些建议，以数据说明合理性。

4. 研究计划（包括对选题的分析，解决问题的思路等）

　　①分析：考虑了前期数据不太准确，以及对于研究时的数据的截取，考虑到病毒潜伏期和防控措施，以及对于我们现阶段学习的适用性；再结合我们现阶段的水平，根据我们的研究课题及其意义，制定了方案

　　②解决思路：定点跟踪某医院通报的流感确诊人数，以此数据为研究对象，不作其他数据干扰考虑，以此数据估计该地区情况，绘制图像算出函数

　　③方案：通过查找数据，整理并绘出一个月流感病毒感染人数与时间曲线图，求出函数，再进行验证，与现实情况对比，据此估计该地区流感病毒传播情况

5. 研究过程

（1）研究步骤

　　①选定研究课题

　　②使用工具收集其他地区数据（半年时间）

　　③相关软件坐标系上描点，连线，截取一段图象（前13天），判断函数大概类别为指数函数

　　④相关软件求函数

　　⑤应用估计该地区流感传播情况

（2）研究困难

　　①查数据时发现历史数据很难找

　　②画图时软件出问题，数据丢失

　　③画出散点图，拟合不出函数

　　④算不出函数

　　⑤函数误差极大

（3）解决：

　　①B站视频，学习如何搜集数据

　　②重新录入

　　③后来发现Excel可以画图

　　④在画图的同时，发现还可以求函数公式

　　⑤询问相关人士，发现问题，优化了函数图像，如图7-4和图7-5所示

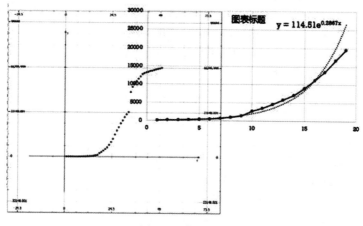

图7-4 函数模型图

续表

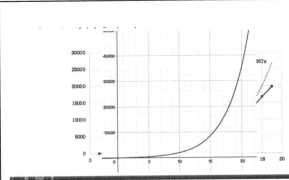

已知：

常住人口：8367.5万

将常住人口的千分之一代入函数

$y=114.51e^{0.2867x}$求解

输入　　$solve(8367.5 \cdot 10 = 114.51 e^{0.2867 x}, x)$

图7-5　函数拟合图

6. 研究结果

　　将拟合函数图像与实际散点函数图像进行对比，发现前期感染流感病毒人数发展呈指数级上升，上升速度极快；而实际图像经一定程度增长后变得较为平缓，情况好转。说明切断传染途径、积极治疗等措施取得了良好的效果

　　积极接种流感疫苗有积极影响：是一个有效的举措，从控制疾病传播角度者，不仅能减少流感病毒在本地区传播，还能阻断病毒的传播途径将影响降至最低

7. 收获与体会

　　第一次了解到了什么是数学建模，以及数学建模所要做的事；第一次学会了用Excel从网站中提取数据制表；从各方面提取信息的能力得到了提升；学会了通过Excel来提取、整合、处理数据，绘制函数图像

　　虽然过程中遇到了很多问题，基本上每一步都有好几个问题。但在过程中寻找解决问题的办法，是很享受的；而且当找到方法解决了问题并且还发现了自己的问题所在的时候，是有一种恍然大悟以及很强的成就感的，是真的由衷的感到高兴。而且在完成课题的过程，学习了解了不少东西，如：Excel从网站中提取数据制表、用Excel画函数图像并求公式……，还由于是边学边用，印象深刻。很少有如此的机会，更让我们体会颇深。而小组分工合作，也提高了我们的效率，集各人力量于一体，发挥优势。

8. 对此研究的评价

　　第一次尝试的青涩笨拙显而易见，走了不少弯路，磕磕绊绊，还犯了当局者迷的错误，有许多问题和不足，如若有下一次，必然会有许多改进。但同时，自认为作为第一次什么都从零尝试的一个小组，任务完成得还是可圈可点的。最重要的是我们每个人都从中学习到了许多曾经没有尝试过的东西，有一个精彩难忘的过程。展示结果优异

参 考 文 献

[1] 中华人民共和国教育部.普通高中数学课程标准（2017版2020年修订）[S].北京：人民教育出版社，2020.

[2] 章建跃.核心素养立意的高中数学课程教材教法研究[M].上海：华东师范大学出版社，2021.

[3] 侯宝坤.高中数学建模素养的教学认知及启示[J].教学与管理，2021，（09）：45-48.

[4] 高玉珊，凌中华.高中数学建模教学实践探究——以"线性回归"为例[J].中学教学参考，2020（35）：4-5.

[5] 吴宪芳.中学数学教育概论[M].武汉：湖北教育出版社，2005：455-466.

[6] 人民教育出版社，课程教材教法研究所，中学数学课程教材研究开发中心.普通高中教科书：数学A版 必修 第一册[M].北京：人民教育出版社，2019.

[7] 人民教育出版社，课程教材教法研究所，中学数学课程教材研究开发中心.普通高中教科书：数学A版 必修 第二册[M].北京：人民教育出版社，2019.

[8] 人民教育出版社，课程教材教法研究所，中学数学课程教材研究开发中心.普通高中教科书：数学A版 选择性必修 第一册[M].北京：人民教育出版社，2019.

[9] 人民教育出版社，课程教材教法研究所，中学数学课程教材研究开发中心.普通高中教科书：数学A版 选择性必修 第二册[M].北京：人民教育出版社，2019.

[10] 人民教育出版社，课程教材教法研究所，中学数学课程教材研究开发中心.普通高中教科书：数学A版 选择性必修 第三册[M].北京：人民教育出版社，2019.

[11] 张思明.理解数学——中学数学建模课程的实践案例与探索[M].福州.福建教育出版社，2011.

[12] 任升录，秦汉.数学建模主题设计[M].上海.华东师范大学出版社，2020

[13] 美国数学及其应用联合会.数学建模教学与评估指南[M].上海：上海大学出版社，2017：7-8.

[14] 马萍，王尧，顿继安.学科融合：数学建模活动资源开发的一个视角——以"种群数量变化研究"为例[J].数学通报，2021，60（03）：43-48.

[15] 李雪纯. 基于新课标的数学建模教学初探——以"停车距离问题"为例[J]. 中学教研（数学），2021（02）：10-14.

[16] 史宁中，王尚志. 普通高中数学课程标准（2017年版）解读[M]. 北京：高等教育出版社，2018.

[17] 代钦，王光明，吴立宝. 新版课程标准解析与教学指导（高中数学）[M]. 北京：北京师范大学出版社，2018.